Thomas und Helene Finkenstaedt



# DIE WIESWALLFAHRT

## Ursprung und Ausstrahlung der Wallfahrt zum Gegeißelten Heiland

Verlag Friedrich Pustet Regensburg

CIP-Kurztitelaufnahme der Deutschen Bibliothek

**Finkenstaedt, Thomas:**
Die Wieswallfahrt : Ursprung u. Ausstrahlung
d. Wallfahrt zum Gegeisselten Heiland / Thomas
u. Helene Finkenstaedt. – Regensburg : Pustet,
1981.
ISBN 3-7917-0717-5
NE: Finkenstaedt, Helene:

ISBN 3-7917-0717-5

Umschlagmotiv: Bruderschaftsschild
Umschlaggestaltung: Peter M. Loeffler Regensburg
Gesamtherstellung: Friedrich Pustet Regensburg
Printed in Germany 1981

# INHALT

*Erstes Kapitel*
Von dem Ursprung oder Anfang des Gnaden-Bilds . . . 9
Ego Flos Campi . . . 11
Passion . . . 15
Passionsdarstellung in der Kunst . . . 19
Karfreitagsprozession . . . 23
Die Geißelung und das Bild des Heilands an der Geißelsäule . . . 27

*Andertes Kapitel*
Von Untersuchung und Wachsthum diser Wallfahrt . . . 47
Die Tränen . . . 49
Bild und Gnadenbild . . . 55
Die Anfänge einer Wallfahrt zum Gegeißelten Heiland auf der Wies . . . 59
Die Gnadenbüchlein . . . 67
Die Gnaden . . . 75
Die Wallfahrer . . . 85

*Drittes Kapitel*
Fernere Beschreibung des Fortgangs der Wallfahrt . . . 113
Der neue Kirchen-Bau . . . 115
Devotio und Devotionalien . . . 121
Die Verbreitung der Verehrung des Gegeißelten Heilands von der Wies . . . 149
Die Bruderschaft . . . 169
Säkularisation und Wallfahrt . . . 175

Nachwort . . . 185
Zeittafel . . . 186
Bildnachweis . . . 187
Register . . . 188
Sachen . . . 188
Orte u. Länder . . . 190
Personen . . . 192

Geneigter Leser (so fingen in früheren Jahrhunderten die Vorreden an), wohl wissen wir, daß schon so manches Buch über die Wieskirche verfaßt worden ist, und fast alles schon irgendwo geschrieben steht: über das bayrische Rokoko, über den Architekten Dominikus Zimmermann, über die Baugeschichte, über die Bilder an der Decke der Kirche. Wir wissen aber auch, daß viele Besucher sich schwer tun mit der Wies, daß sie ihre Schönheit sehen, doch sich und andere leise oder laut fragen: was soll das alles?
Große Kunst erschließt sich nicht bei nur einem Besuch, und eine Wallfahrtskirche kann nur zu einem Teil mit den Methoden der Kunstwissenschaft erklärt werden. Die Kirchen der Barockzeit sollen durch das Anschauliche zum Schauen dessen führen, was dem sinnlichen Auge verborgen ist. Bild und Text dieses Bandes sollen dem Pilger und dem Kunstfreund helfen, die Wallfahrt und die Wallfahrtskirche zum Gegeißelten Heiland auf der Wies richtig zu sehen und besser zu verstehen.

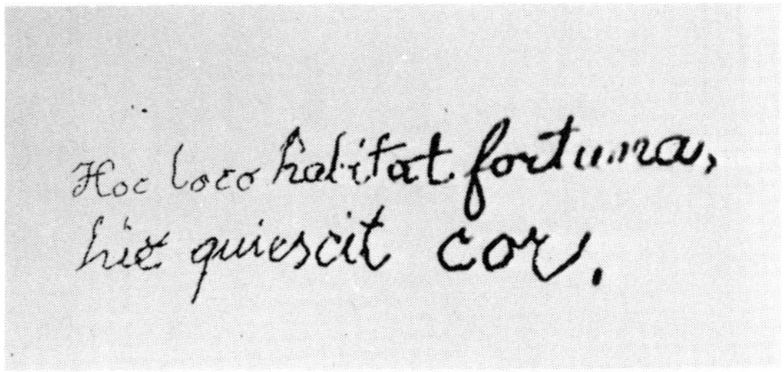


*»An diesem Ort wohnt das Glück, hier findet das Herz zur Ruhe« (nach Augustinus, Bekenntnisse, I.1). Inschrift in einer Fensterscheibe des Prälatensaals der Wies, vermutlich von Abt Marianus Mayer (Wallfahrtskuratie Wies)*

# Erstes Kapitel

## Von dem Ursprung oder Anfang des Gnaden-Bilds.

*Gnadenbild, alter Zustand (Aufnahme ca. 1930)*

# Ego Flos Campi

*Ich bin eine Blume des Feldes*

Hohes Lied 2,1

»Nachdem in dem 1730igsten Jahr Hyacinthus Abbt deß Löblichen Stiffts Steingaden Sacri Ord. Praemonstratensis die an vilen Orthen deß Teutschlands gewohnliche Procession oder Umgang an dem Charfreytag auch in seiner Hoffmarch einzuführen entschlossen: wurde auch unter andern Vorstellungen deß Geheimnuß vollen Leydens unsers Erlösers eine Bildnuß der Geißlung Christi erfordert.
Zu disem End ist ein zwischen Staub vollen Geräffel schon vor etlich Jahren gefundener, und nach Bildhauer Kunst wohl außgearbeiteter höltzerner Kopff, welcher schlechthin unter andern Sachen aufbehalten, widerum hervorgezohen worden. Disem Haupt dann die übrige Theil einer Bildnuß zu geben, suchte und fande man unter dem Tach einen von Holtz schlecht außgearbeiten obern Leib, an einem andern Orth ebenfalls unter gleichsam verworffenen Sachen Arm und Füß, aber weilen dise Theil von unterschidlichen Wincklen zusammen getragen nach Proportion oder Bilder – Kunst sich nit wohl zusammen schickten, wurde der gantze Leib mit einer Leinwat überzogen, hin und wider absonderlich an denen Glidmassen mit Werck und Tüchlein außgefüllet, das Haupt mit gemachten Haaren bedeckt und letstlich durch Fr. Lucas Layen-Bruder deß Closters Steingaden einen erfahrnen Mahler mit Oel-Farben gefasset: Auf solche Weiß wurde diser Bildnuß die Gestalt des gegeißleten Jesu gegeben, und in solcher Vorstellung ist selbe drey Jahr nacheinander nemlichen von An. 1732. biß An. 1734. in offentlicher Procession oder Umgang an dem Charfreytag auf einer Tragen oder Ferculo herumgetragen worden« (Gnadenblum 1746, S. 21 f.).
Die Figur wurde wegen ihres geringen Aussehens Anno 1735 bei der Karfreitagsprozession nicht mehr verwendet, sondern »in der Kleyder-Cammer des Closters unter andern Theatralischen Sachen aufbehalten« (Gnadenblum 1746, 23). Der Tafern-Würth der Hofmark Steingaden erbat sich die Figur, weil er sie zu seiner Hausandacht in sein Gärtlein stellen wollte, doch kam es nicht dazu. Die Kinder richteten »mit Biegung der Glieder« die Figur übel zu.
»Ungeacht diser Verstellung, und zerbrochnen Außsehen ersuchte bemeldten Closter-Würth seine Gevätterin, und Bäurin auf der Wis, so lang und inständig um dises Bild, biß er ihr endlichen selbes den 4. May Anno 1738. geschencket, welches sie voll der Freuden ungesaumbt in ihr schlechtes, einsames, ein Stund weit entlegenes Bauren-Hauß in der Wis genannt, übertragen, und in ihre Kammer stellen lassen.
Allda verspührte sie den 14. Brachmonath, als an dem Sambstag Abends, und darauf folgenden Sonntag fruhe einige Tropffen in dem Angesicht der Bildnuß,

welche sie vor Zäher haltete. Wußte derohalben vor Schröcken ihr selbsten nit zu rathen, sondern laßte gleichwohl ihren Mann die abhangende Tropffen abtrucknen: Sie aber verfügte sich des anderen Tags nach dem Closter Steingaden, zeigte solches erstlich ihrem Beicht-Vatter, alsdann Ihro Hochwürden und Gnaden etc. Herrn Praelaten an« (GNADENBLUM 1746, S. 24f.).

Eine unansehnliche Figur des gegeißelten Heilands wurde zum Gnadenbild; nicht lange nach diesem 14. Juni des Jahres 1738 haben wir die ersten Zeugnisse für eine »Verlobung« zu diesem Bild, und nicht wenig später kommen die Pilger, Hunderte, Tausende, von nah und fern. Dreitausend Messen werden bald jährlich gelesen. Und 1745 wird der Grundstein gelegt zu einer Kirche, die heute als Höhepunkt des bayrischen Rokoko gilt, von Hunderten, von Tausenden aufgesucht.

Eine Wallfahrt von weit überregionaler Bedeutung, die in der Aufklärung entsteht und von der noch heute über 1000 Kopien zeugen, verlangt eine Erklärung, um so mehr, als es sich nicht um die Verehrung eines neu zur Ehre der Altäre erhobenen Heiligen, sondern ausgerechnet um die Verehrung einer der scheußlichsten Szenen der Passion handelt, um die Verehrung einer Figur, deren künstlerische Bedeutungslosigkeit nicht größer sein könnte, und die doch eines der größten Kunstwerke des 18. Jahrhunderts verursacht hat.

Will man sich der Bedeutung der Wallfahrt nähern, so wird es ebenso erforderlich wie zweckmäßig sein, sich der ganzen Passion Christi zu erinnern und ihrer Darstellung in der Kunst. Danach gilt es, die besonderen Voraussetzungen zu betrachten, nämlich die Karfreitagsprozession und die im Pfaffenwinkel um 1730 verbreitete Verehrung des Kerkerheilands. Die stilistische Isolierung des Wieschristus aus den verschiedenen Darstellungen der Geißelung erlaubt es dann, der Ausbreitung der Verehrung nachzuspüren.

*Die Wiesbäuerin Maria Lori, Ölgemälde 18. Jahrhundert, 78 × 63 cm (Wallfahrtskuratie Wies)*

## Das Goldene Vaterunser

Ach Sohn, du liebster Jesus mein,
was wirst du am Heiligen Sonntag sein?
»Am Sonntag, da werd' ich ein König sein,
da wird man mir Palmen und Zweige streun.«

Ach Sohn, du liebster Jesus mein,
was wirst du am Heiligen Montag sein?
»Am Montag, da bin ich der Welt ein Prophet,
Verkünde, wie Himmel und Erde vergeht.«

Ach Sohn, du liebster Jesus mein,
was wirst du am Heiligen Dienstag sein?
»Am Dienstag, da bin ich ein Wandersmann,
der nirgends ein Obdach finden kann.«

Ach Sohn, du liebster Jesus mein,
was wirst du am Heiligen Mittwoch sein?
»Am Mittwoch, da bin ich arm und gering,
verkauft für dreißig Silberling.«

Ach Sohn, du liebster Jesus mein,
was wirst du am Heiligen Donnerstag sein?
»Am Donnerstag sitz ich im hohen Saal
mit meinen Jüngern beim Ostermahl.«

Ach Sohn, du liebster Jesus mein,
was wirst du am Heiligen Freitag sein?
»Am Freitag, Am Freitag, o Mutter mein,
da werd ich am Kreuz angenagelt sein.
Drei Nägel dringen durch Hände und Füß,
Verzage nicht, Mutter, das Ende ist süß.«

Ach Sohn, du liebster Jesus mein,
was wirst du am Heiligen Samstag sein?
»Am Samstag, da bin ich ein Samenkorn,
das aus der Erde wird neu geborn.«

Ach Sohn, du liebster Jesus mein,
was wirst du am Heiligen Sonntag sein?
»Am Sonntag, o freu dich, du Mutter mein,
da werd ich vom Tod auferstanden sein.
Da trag ich das Kreuz und die Fahn in der Hand,
da siehst du mich wieder im Glorienstand.«

# Passion

*Nihil enim in anima ita operatur universalem sanctificationem, sicut meditatio Passionis Christi*

Nichts bewirkt nämlich so sehr eine allgemeine Heiligkeit in der Seele, wie die Betrachtung der Leidensgeschichte Christi

Bonaventura

Ohne Passion keine Auferstehung. So ist die Leidensgeschichte ein zentrales Thema der christlichen Theologie und ebenso zentral für den Menschen in der Nachfolge Christi. Die Leidensgeschichte ist durch nunmehr zwei Jahrtausende der Quellgrund einer stets sich wandelnden und erneuernden Volksfrömmigkeit gewesen und das große Thema der christlichen Kunst und der großen abendländischen Kunst überhaupt. Die einzelnen Epochen haben in je eigener Weise versucht, das Unbegreifliche der Passion zu begreifen, sich in mystischer Schau vorzustellen oder in scheinbar rationaler Auslegung die einzelnen Stationen, die kleinsten Details der biblischen Überlieferung allegorisch-anagogisch oder moralisch zu erklären. Ein Weg zur Passion war das Sichtbarmachen des ganzen Leidenswegs in einem Bild: Der Schmerzensmann, der lebend-tote Christus ist ein solches Bild, ein anderes der Christus im Elend.
Andachtsbilder dienen dem anschauenden Andenken, der *contemplatio* (das ist die Aufnahme in den Gesichtskreis) und der *recordatio* (das ist die Aufnahme in das Herz). Auch im Wort wird die Erinnerung an die Passion wachgehalten, sieht man einmal von den Evangelien selbst ab: in den liturgischen Texten ebenso wie im Rosenkranzgebet, oder in besonderen Andachten zu den Leiden des Herrn. Das goldene Vaterunser, der vorgestellte Dialog beim Abschied Jesu von seiner Mutter, ist ein Beispiel für eine volkstümliche Stilisierung der Leidensgeschichte auf die wichtigsten und szenisch geschauten Momente der Passion, auf die Tage der Karwoche verteilt. Es ist ein Gebet aus dem Vorwissen um das Geschehen: »und des Menschen Sohn wird überantwortet werden den Hohenpriestern und Schriftgelehrten; und sie werden ihn verdammen zum Tode und überantworten den Heiden. Die werden ihn verspotten und geißeln und verspeien und töten; und am dritten Tag wird er auferstehen« (Mk 10,33f.).
Der Wunsch, die Passion nachzuerleben, führt einerseits zu symbolischen Darstellungen (Andachtsbild) oder Handlungen und Gestaltungen durch das Wort (Rosenkranzgebet, Goldenes Vaterunser), andererseits zu einem historisch-realistischen Nachforschen, Nachbilden und Nachvollziehen. Schon zur Zeit des Kaisers Konstantin († 337) kamen Pilger ins heilige Land. Vom 6. Jahrhundert an waren alle durch das Leben Jesu geheiligten Stätten in Jerusalem lokalisiert, und

aus dem Besuch der einzelnen Plätze des Leidens in ihrer chronologischen Ordnung bildet sich im Laufe der Jahrhunderte der Kreuzweg heraus, der in seiner heutigen Form vom frühen 18. Jahrhundert an im süddeutschen Raum bald überall zu finden ist und eigene Andachtsformen entstehen läßt – so daß auf Umwegen auch die realistische Befassung mit dem Leidensweg wieder in den breiten Strom der Volksfrömmigkeit einmündet. Als weitere Beispiele für solches Nachgestalten seien die Nachbildungen des Heiligen Grabes, oder der Heiligen Stiege, aber auch die des Hauses von Loreto erwähnt.

Die Passionsgeschichte läßt sich nicht ohne Schwierigkeiten fortlaufend und genau erzählen. Obwohl die Evangelien genauer und mit mehr Rücksicht auf die chronologische Abfolge als sonst berichten, bleiben doch Lücken, Widersprüche und Probleme. Das liegt zunächst einfach daran, daß die Evangelisten nicht mit dem Interesse des modernen Historikers an der Exaktheit und Vollständigkeit des chronologischen Ablaufs schreiben. Dazu kommt, daß manches, was dem heutigen Interpreten Schwierigkeiten bereitet, für die Abfassungszeit als selbstverständlich unerwähnt bleiben konnte: Hierzu ist wohl das Fehlen mancher Datierungen und Lokalisierungen zu rechnen. Wichtiger ist aber etwas anderes: Da jede Zeit die Leidensgeschichte mit anderem Akzent liest und Lücken anders bewertet und durch Vision, Legende oder bloße Interpretation zu schließen versucht, wird der Ablauf der Passion »wie er gewesen ist« überlagert von der Geschichte der Leidensgeschichte. Man muß deshalb versuchen, jenen Ablauf zu rekonstruieren und sich zu vergegenwärtigen, der für eine bestimmte Zeit gilt, in der Vorstellung des Volkes und der Theologen lebendig war und Gültigkeit hatte. Für die Zeit um 1700 erledigt sich damit wenigstens teilweise das viel diskutierte Problem der absoluten Chronologie der Karzeit.

An der Passions*woche* als zeitlicher Einheit des Geschehens wird im allgemeinen festgehalten, doch bestehen bezüglich der Aufgliederung des Geschehens auf die einzelnen Wochentage beträchtliche Unterschiede. Die Auffassung, daß das Abendmahl am Gründonnerstag gefeiert wurde, läßt für die Ereignisse bis zur Kreuzigung nur wenig Zeit. Eine sehr viel weiter verbreitete Tradition setzt das Abendmahl am Dienstag an.

Diese Chronologie gibt mehr Zeit für die Ereignisse zwischen der Gefangennahme und der Verurteilung, Ereignisse, die gerade im ausgehenden 17. und im frühen 18. Jahrhundert die religiöse Fantasie in Bayern und Tirol sehr bewegten.

»Die Wache, der Hauptmann und die Diener der Juden ergriffen nun Jesus und banden ihn. Sie führten ihn zunächst zu Annas. Dieser war der Schwiegervater des Kaiphas, der in jenem Jahre Hoherpriester war« (Joh 18,12–13). Auf dem Weg beginnen die Leiden Christi, Verspottung und Quälereien durch die Juden, die ihn gebunden zum Haus des Hohenpriesters führen, zerren und stoßen. Vom Mittelalter an wird der Weg Jesu zu Annas, zu Kaiphas, zu Pilatus, immer genauer geschildert, und der Barock übersteigert die Schilderungen zuweilen geradezu ins Groteske. Der Weg zu Annas führt über den Bach Cedron: »Dan /

als der arme Christus mitten auf der hohen steinernen Brucken ware / stiessen sie ihn auß Eingebung des Teufels / mit solchem Grim̃ über die Bruck hinunter / daß /wann Gott nicht ein Mirackel getan hätte / so hätte ihn der Fall das Haupt gantz zerschmettert«, schreibt Martin von Cochem († 1712, in: Das große Leben Jesu). Dieser »erste Fall« Christi wurde mit sechs weiteren Gegenstand einer Andacht.
Die Evangelien weichen bei der Nennung des Zeitpunktes der Verurteilung durch den Rat voneinander ab. Nach Matthäus und Markus erfolgt in der Nacht (zum Gründonnerstag?) eine Verhandlung im Haus des Kaiphas »dahin die Schriftgelehrten und Ältesten sich versammelt hatten« (Mt 26,57). »Des Morgens aber hielten alle Hohepriester und die Ältesten des Volks einen Rat über Jesus, daß sie ihn töteten. Und banden ihn, führeten ihn hin und überantworteten ihn dem Landpfleger Pontius Pilatus« (Mt 27,1–2).
Bei Lukas wird nur von einer Verhandlung am Morgen gesprochen: »Und als es Tag ward, sammelten sich die Ältesten des Volks, die Hohenpriester und Schriftgelehrten und führeten ihn hinauf vor ihren Rat« (Lk 22,66). In allen Evangelien wird berichtet, daß Jesus bei dem Verhör im Hause des Kaiphas verspottet und mißhandelt wird: »Da spieen sie aus in sein Angesicht und schlugen ihn mit Fäusten. Etliche aber schlugen ihn ins Angesicht und sprachen: Weissage uns, Christe, wer ist's der dich schlug?« (Mt 26,67f.).
Schon das Mittelalter begann, die Verspottung im Hause des Kaiphas weiter auszumalen; insbesondere wird eine ganze Szene erfunden, geschaut, ausgemalt, für die in den Evangelien keine Grundlage gegeben war: Nach dem Verhör vor dem Hohenpriester soll Jesus die Nacht in einem Kerker des Palastes verbracht haben. Martin von Cochem, fast der Endpunkt einer langen Reihe von Mystikern, Predigern und Auslegern, schildert das im 17. Kapitel so:
»Als endlich die Höll-Hund mit schlagen und vexieren müd worden / bunden sie den außgemergelten Heyland auf ein neues / und führten ihn die Stiegen hinab in einen engen und finstern Kercker / welcher noch heutiges Tags zu sehen ist. . . In diesem Kercker liessen sie den elenden Christum stehen / und stellten etliche Bößwicht zu ihm / welche ihme keine Ruhe solten lassen. Also stunde der halbtodte / und am gantzen Leib zerschlagene Heyland in disem stinckenden Loch. Er därffte sich nicht setzen / er därffte sich nicht anleinen / und därfft sich nicht legen. Dan / so bald er diser Ding eins thun wollte / zohen ihn die lose Schergen wider auf. Darum stund er gar erbärmlich mit geneigtem Haupt / und seine schwache Knye zitterten ihme für Mattigkeit.«
Am Morgen – des Gründonnerstags oder Karfreitags – wird Jesus vom Haus des Kaiphas zu Pilatus gebracht: »Sie führten ihn gefesselt, die Hände hinter dem Rücken gebunden, und mit vielen Schimpf- und Schmähreden; und, wie es heißt, mit einer Kette um seinen Hals, die später in Jerusalem den Pilgern zu großer Verehrung gezeigt wurde, die auch selbst ihren Hals dieser Kette unterwarfen« (Ludolf v. Sachsen, † 1387, Vita Jesu Christi).
Der Prozeß Jesu vor Pilatus kann aus den Evangelien unter Berücksichtigung des damaligen jüdischen und römischen Rechts recht genau rekonstruiert werden.

Für seine Darstellung in der Kunst und den Passionsspielen ist es wichtig, die Gliederung der Verhandlung und die Lokalisierung genauer zu betrachten, wobei noch einmal betont werden muß, daß die Ergebnisse der modernen Bibelwissenschaft in dem Umfang vernachlässigt werden, als sie nicht den Vorstellungen der Zeit um 1700 entsprechen.
Als Pilatus bei dem ersten Verhör erfährt, daß Jesus ein Galiläer sei und damit »unter Herodes' Obrigkeit gehörte, übersandte er ihn zu Herodes, welcher in denselbigen Tagen auch in Jerusalem war« (Lk 23,7). Jesus aber antwortete auf die Fragen des Herodes nichts, und dieser »mit seinem Hofgesinde verachtete und verspottete ihn, legte ihm ein weißes Kleid an und sandte ihn wieder zu Pilatus« (Lk 23,11). Dies weiße Kleid taucht in vielen Schilderungen der Passion auf. Es wird von ihnen übereinstimmend als Narrengewand gedeutet, so daß die Szene als Verspottung Jesu aufgefaßt werden muß.
Die weitere Verhandlung vor Pilatus findet wieder im Palast statt, den die jüdischen Kläger nicht betreten: »Sie selbst gingen nicht ins Gerichtshaus hinein, um nicht unrein zu werden und das Osterlamm noch essen zu können« (Joh 18,28). Aus dieser religiösen Scheu ergibt sich eine Steigerung der szenischen Dramatik: das Vortreten des Pilatus und das Hinausführen Jesu sind in der Kunst, nicht zuletzt in der Krippenkunst, häufig dargestellt worden, wobei der volkgefüllte Platz vor dem Gerichtsgebäude eine aufgeregte und aufregende Kulisse abgibt. Pilatus kann – von den Anklägern Jesu in die Enge getrieben – nicht umhin, diesen zu verurteilen. Seine letzte Hoffnung ist es, durch die Geißelung die Gegner Jesu zu befriedigen, indem er ihnen den Zerschundenen zeigt, nachdem dieser erneut von den Soldaten mit Aufsetzen von Dornenkrone, durch Purpurmantel und Schilfrohr verhöhnt worden war. »Da ging Pilatus wieder heraus und sprach zu ihnen: Sehet, ich führe ihn heraus zu euch, daß ihr erkennet, daß ich keine Schuld an ihm finde. Also ging Jesus heraus und trug eine Dornenkrone und Purpurkleid. Und er spricht zu ihnen: Sehet, welch ein Mensch! (Ecce homo)« (Joh 19,4f.). Aber der Haß der Kläger ist nicht zu besänftigen: »da überantwortete er ihn, daß er gekreuziget würde« (Joh 19,16).

# Passionsdarstellung in der Kunst

Bevor wir uns der Gestaltung und Bedeutung der Geißelungsszene im allgemeinen und der speziellen Gestalt des Wiesheilands zuwenden, ist es erforderlich, einen Blick auch auf andere Darstellungen des Leidens Christi zu werfen. Der verwirrenden Fülle von Bildern und Szenen und ihren tausenderlei Variationen, die durch theologischen Hintergrund, Entstehungszeit, künstlerische Tradition und die besonderen Einflüsse der einzelnen Länder bestimmt sind, kann man sich auf verschiedene Weise nähern. So läßt etwa eine historisch-genetische Untersuchung deutlich werden, daß eine Darstellung der Passion in der Kunst erst recht spät versucht wurde. Die frühen Christen scheuen sich, den leidenden Erlöser darzustellen. Erst vom 4. Jahrhundert an finden sich einzelne Szenen auf Sarkophagen abgebildet. Stets handelt es sich um Darstellungen, die eindeutigen Bibelbezug haben und meistens auch einen typologischen Bezug, einen Verweisungscharakter also auf das Alte Testament, oder die eine Verbindung der Vita eines Märtyrers mit dem Leben und Leiden Christi herstellen. Dies typologische Denken ist seit der Barockzeit verloren gegangen. Reste finden sich noch in den stummen Bildern aus dem Alten Testament, die im Oberammergauer Passionsspiel den Szenen der Leidensgeschichte vorausgehen, oder in den durch lebende Personen dargestellten Bildern der stummen Prozession von Vilgertshofen, die durch schildtragende Engel erläutert werden: Esther und Judith als Vorbild Mariä, Hiob als Typus des leidenden Jesus. Für das Mittelalter war das ganze Neue Testament im Alten »präfiguriert«: »Die Geißelung des Herrn ward vorgewiesen durch den an einen Baum gebundenen Obersten Achior. Achior wurde durch die Knechte des Holofernes an einen Baum gebunden, Christus durch die Soldaten des Pilatus an eine Säule; Achior wurde gebunden, wegen der Wahrheit, die er gesprochen hatte, Christus wegen der Wahrheit, die er geweissagt hatte. . . Die Geißelung Christi ward auch durch die Geißelung des Jeremia vorgewiesen, den Pashur geißeln ließ.« Dieses kleine Beispiel einer typologischen Interpretation aus der Vita Christi des Ludolf von Sachsen, die auf Judith 6 und Jeremia 20 Bezug nimmt, mag bibelfernen Lesern des zwanzigsten Jahrhunderts zeigen, welche Kenntnisse bei mittelalterlicher, aber auch barocker Interpretation von Bibelszenen u n d künstlerischen Darstellungen vorausgesetzt werden, Kenntnisse, die vom modernen Betrachter oft mühsam angelesen werden müssen. Mit solcher Leseerkenntnis geht freilich das richtige Verstehen, gerade auch der Zeugnisse der Volksfrömmigkeit, nicht automatisch einher.
Eine historische Betrachtung vergißt leicht über der Datierung, über dem Nachweis theologischer Einflüsse oder der kunsthistorischen Ableitung von Bildtypen, die lebendige Bedeutung eines Bildes im synchronen Zusammenhang des Lebens einer Zeit. Bei der Untersuchung der Abhängigkeiten von Andachts- und Gnadenbildern kommt hinzu, daß der Grad der Genauigkeit der Nachbil-

*Geißelung Christi; vermutlich von einem Passionsaltar; Oberbayern um 1450; 43 × 30 cm (Diözesanmuseum Freising)*

dung nur von begrenzter Bedeutung sein kann. Der andere Weg, durch eine genaue Beschreibung und Differenzierung der verschiedenen Bilder erst zu einer Systematik und dann zur Erkenntnis zu kommen, führt auch nicht allein zum Ziel, denn einmal geschaute und geschaffene Formen wirken weiter und üben Einflüsse auf ihre Nachbarformen aus. Wichtiger aber ist es, daß eine Darstellung des leidenden Heilands eben nie bloß ein Kunstwerk ist, sondern von der Passionsgeschichte direkt oder indirekt abhängt.

Dieser Grad der Abhängigkeit ist ein guter Ausgangspunkt für eine erste Gliederung des Materials. Es zeigt sich dann sofort, daß einige der bedeutendsten und einflußreichsten Bilder nicht auf eine bestimmte Szene der Passion zurückgehen, wie sie in den Evangelien berichtet wird: Das gilt für die Beweinung Christi, das Erbärmdebild und vor allem für den Schmerzensmann.

Während die Beweinung zwar keine neutestamentliche Grundlage hat, sich jedoch in den Passionsablauf einfügen läßt, ist dies beim Erbärmdebild nicht der Fall: es ist dies die im Sarg stehende Figur des Heilands, der nicht als Auferstandener dargestellt wird. Hier wird »unhistorisch« die Leidensgeschichte – vom Ende her – in einem Bild zusammengefaßt. Auch in den Darstellungen des Schmerzensmannes, des Heilands mit den Wundmalen oder als »lebendig Toter«, kommt es weniger darauf an, den Betrachter an eine bestimmte Station auf dem Weg des Leidenden zu erinnern, sondern an das Leiden Christi als Ganzes (R. Berliner).

Gegenüber den genannten Passionsdarstellungen (als mehrfigurigen Szenen, oder als einzelfigürliche Andachtsbilder) sind andere leicht und eindeutig auf die Berichte der Evangelisten zu beziehen. Das gilt für die Gefangennahme Jesu, die schon in der altchristlichen Zeit gestaltet wird, für das Verhör vor dem Hohen Rat und für den Prozeß vor Pilatus (meist in der Szene der Handwaschung komprimiert). Die Geißelung wird erst vom 9. Jahrhundert an Gegenstand der bildenden Kunst. Auch die Dornenkrönung wird erst im Mittelalter künstlerisch dargestellt und zeigt, wie von nun an wohl alle Passionsszenen, den Einfluß der Mystik. Drei weitere Stationen des Leidens haben zu weit verbreiteten Bildtypen geführt, wobei die Bezeichnungen sowohl des Volkes als auch der Kunstwissenschaft alles andere als eindeutig sind. Erstens das Bild der Verspottung und anschließenden, isolierten »Ruhe«, bevor Jesus durch Pilatus dem Volk vorgeführt wird; zweitens diese als »Ecce homo«-Bild bekannte Szene, und drittens die »Rast« vor der Kreuzigung, im Kreuzweg eine Situation zwischen der 10. (Entkleidung Christi) und der 11. Station (Annagelung ans Kreuz). Die letztgenannte Darstellung, vor allem als »Christus im Elend« bekannt, geht nicht auf eine Bibelstelle zurück, sondern eher auf eine »Anweisung« des (Pseudo-) Bonaventura, sich den Heiland in einem Ruhezustand zwischen der einen und der anderen Marter der Passion vorzustellen.

Kennzeichnend für den Christus im Elend ist es, daß er stets sitzend dargestellt wird, nur mit dem Lendentuch bekleidet. Der eine Typus des Christus im Elend stützt das Haupt in eine Hand (sogenannter »Zahnwehchristus«), beim zweiten kreuzt Christus die Arme oder Handgelenke, die auch gefesselt sein können. Die typologische Beziehung zum trauernden Hiob ist unverkennbar.

Das Ecce-homo-Bild ist erst seit dem 15. Jahrhundert durch die Passionszyklen volkstümlich geworden, und zwar ist diese Szene der Zurschaustellung des zerschundenen Jesus so sehr zum Inbegriff der Passion geworden, daß sich die Bezeichnung »Ecce homo« für ganz verschiedene Szenen und Bilder findet, für den Kerkerheiland ebenso wie für den sitzenden Jesus nach der Dornenkrönung, und sogar für den Wiesheiland. Der Ecce-Homo ist durch die fehlenden Wundmale und den stets vorhandenen Purpurmantel eindeutig vom Schmerzensmann abzugrenzen, auch wenn bei der Darstellung als isolierte Figur durch die Ähnlichkeit der Haltung Verwechslungen zuweilen naheliegen könnten – und allzuhäufig nicht nur beim Laien vorkommen. Für den sitzenden Jesus nach der Verspottung und vor der Ecce-homo-Szene ist die Bezeichnung Herrgottsruhbild vorgeschlagen worden (Reallexikon der deutschen Kunstgeschichte), ein wenig glücklicher Vorschlag, ist doch die Verwechslung mit dem Christus im Elend, der vielfach unter dem Namen »Christus in der Rast« bekannt ist, naheliegend, ganz abgesehen davon, daß man sich nur schwer daran gewöhnen kann, daß die bekannte Wallfahrtskirche ›Herrgottsruh‹ in Friedberg bei Augsburg dann als Gnadenbild einen Christus im Elend hat. Eine Bezeichnung wie »sitzender Ecce-homo« wäre wohl eindeutig, wenn auch ein wenig ahistorisch, da die Zurschaustellung ja erst folgt. Aber »Verstöße« gegen die Chronologie sind auch sonst in den Passionsdarstellungen anzutreffen, nicht zuletzt beim Andachtsbild des Heilands an der Geißelsäule.

Neben die Unterscheidung von biblisch gegründeten Passionsdarstellungen und anderen muß eine zweite treten, nämlich die zwischen Szene und Andachtsbild.

Die szenische Darstellung ist mehrfigurig und erzählt die Begebenheit durch Heraushebung eines typischen (»fruchtbaren«) Augenblicks. Oft werden die Szenen zu zyklischen Historien verbunden (Passion, Kreuzweg; auch die Darstellungen der Jahreskrippe gehören hierher). Beim Andachtsbild dagegen wird eine Figur isoliert dargestellt; mit typischen Attributen ausgestattet (die Wundmale beim Schmerzensmann; Dornenkrone und Krönungsmantel beim Ecce homo) lädt das Andachtsbild den Beschauer zur Meditation über die evozierte Szene oder Situation ein. So gibt es neben der Ecce-homo-Szene den Ecce homo als Andachtsbild; neben der Geißelungsszene verschiedene Andachtsbilder, die den Heiland an der Geißelsäule darstellen. Es ist einsichtig, daß es durch die Lösung von der Szene beim Andachtsbild zum Einfließen »ahistorischer«Elemente in die Darstellung kommen kann, so daß etwa der Kerkerheiland mit der Schulterwunde ähnlich von dem konkreten Passionsgeschehen »abstrahiert« ist wie der Schmerzensmann.

Noch ein weiterer Einfluß auf die Entwicklung darf nicht aus den Augen verloren werden: Passionsspiel und »figurierte« Prozessionen stellen ebenfalls das Leiden des Herrn dar, und sie nehmen Anregungen aus der Kunst ebenso auf, wie sie ihrerseits die bildende Kunst beeinflussen.

# Karfreitagsprozession

*Diser Zeit seyn solche Processiones mit dem Disciplinieren und Geißlen in Italia / Hispanien unnd anderstwo / gantz gemein unnd gebreuchig / jha auch inn unserem Teutschlandt / sonderlich an dem Tag / an welchem unser Erlöser selber für uns ist gegeißlet unnd gecreutzigt worden / an welchem Tag ein grosse menig / nicht allein Lieb umb Lieb /sonder auch Streich umb Streich / unnd Blut umb Blut zugeben unnd zuleyden berait / ihren Rucken darhalten und schmertzlich zerhacken in offentlichen Suplicationen / welche selbiger zeit vilerley Kirchen /unnd zur Gedächtnuß des heiligen Grabs und Begrebniß Christi auffgerichte Gräber andächtig zubesuchen / angestellet werden.*

J. Gretser, C. Vetter, Prozessionsbuch, 1612

Von dem barocken Karwochenbrauch sind bei uns – anders als in den romanischen Ländern – nur noch verschwindende Reste übrig. Von den katholischen Passionsmusiken sind fast nur noch Haydns »Sieben Worte des Erlösers« vertraut, aber auch diese meist nur als Quartettfassung im Radio, und fast immer ohne die dazugehörigen Meditationen. Die Fastentücher sind verschwunden; die Fastenkrippen sind außerhalb von Tirol nur noch im Museum zu bewundern, die Heiligen Gräber sind kaum mehr anzutreffen. Mit ihnen ist vieles von den dazugehörigen, weil in ihrem Anblick gesungenen Fastenliedern aus der Volksmusik verschwunden. Kaum eine Spur mehr gibt es bei uns von der Karfreitagsprozession, deren Bedeutung wohl die der Prozession am Fronleichnamstag noch übertraf. Ursprünglich war sie eine reine Bußprozession, eine Prozession von Büßern. Unter dem Einfluß der Jesuiten wird sie zum prächtigen Schauspiel. Die Nähe solch »figurierter« Prozessionen zum Passionsspiel ist offensichtlich: In beiden werden die einzelnen Szenen der Passion vorgeführt, beide kennen die Präfigurationen, die vorweisenden Szenen des Alten Testaments, beide kennen einen oft krassen Realismus, der dem 18. Jahrhundert anstößig war und ein Vorwand zur »Reinigung« der Prozession. Die Popularität der Prozession ist für die Wende vom 17. zum 18. Jahrhundert durch Prozessionsordnungen oder Abrechnungen bezeugt, und die Kraft der Prozession zeigt sich noch in der bissigen Satire Anton v. Buchers (in: Sämtliche Werke, Bd. VI) vom Ende des 18. Jahrhunderts, als man solche »Zerrbilder« beseitigen wollte. Der Herausgeber der Werke Buchers bedauert 1822, daß »nicht alle Spuren dieser theatralischen Kirchenceremonie verschwunden« sind. Ein besonderes Merkmal der Prozessionen war das Nebeneinander von lebenden Personen als Darstellern und

von Wagen mit größeren Figurengruppen und getragenen »Fercula«, den Tragfiguren. Außerdem werden Bilder (Labara) mit Passionsdarstellungen mitgetragen, und die Bruderschaften reihen sich mit ihren Stäben, Tortschen und Fahnen an den passenden Stellen der Prozession ein. Dazu die eigentlichen Poenitenten, die »Ausgespannten« und Kreuzschlepper, nicht zuletzt die Geißler mit verhülltem Gesicht. Daß es sich nicht um ein vorgespieltes Züchtigen handelte, geht ausgerechnet aus den Abrechnungen der verantwortlichen Bruderschaften hervor, wo der Posten für den Bader auftaucht, der die Rücken der Geißler mit Wein und Essig waschen, »austruckhen« und salben mußte. Die Geißelung als freiwillige Bußübung ist im 8. Jahrhundert zum erstenmal belegt, breitet sich im Hochmittelalter weithin aus (Geißlerzüge!) und lebt bis in das 18. Jahrhundert als auch öffentliche Bußübung weiter. Der Terminus technicus ist die Disziplin; der gelehrte Jacob Gretser hat der Geißelung ein umfangreiches Werk gewidmet »De Spontanea Disciplinarum seu Flagellarum Cruce Libri Tres«. Es enthält reiches historisches Beispielmaterial und kommt im letzten Kapitel zu dem Schluß: »die Krone aller Herrlichkeit ist die Frucht der Geißel.«
Die Darstellung der Geißelung Christi, nicht zuletzt innerhalb der Karfreitagsprozession, ist durch die Tradition der Geißelung als Bußübung und durch die Geißlergruppen im Passionszug für Teilnehmer und Zuschauer also keine wirklichkeitsferne, nur historische Szene. Sie wird in verschiedener Weise dargestellt: In München 1720 auf einem Labarum, dem Geißler, Fackelträger und Kreuzträger folgen; 1743 trägt die Corpus Christi-Bruderschaft von St. Peter eine »Figur« mit – bei St. Peter wurde bald darauf der Wiesheiland verehrt, und die Mesnerin von St. Peter hat sich 1745 zur Wies verlobt. In Burghausen wird in der älteren Ordnung von 1617 die Geißelungsgruppe mit »Fannen der Gaislung« und Geißlern gebildet; dazu gehen 4 Engel, die blutige Ruten und eiserne Ketten tragen. Dargestellt wird die Gruppe von der Bruderschaft der Metzger, Aufleger und Weber mit 30 Kerzen. 1740 hat man einen Menschen als Darsteller. Der Prophet Jeremias, den Phassur schlagen ließ (vgl. S. 19), ging ihm als Vorbild voraus; ein Genius erläuterte die Szene mit einem Schild: »auf meinem Ruckhen haben die Sünder geschmiedet« (Psalm 128). In Klausen wird 1688 hinter einer Pechpfanne die Geißelungsfahne getragen, auf der Engel mit Arma Christi abgebildet sind. »Dann die Geißlung Christi – Christus glatt weiß gekleidet mit roter Schürze, begleitet von 3 Juden oder Heiden mit tirkischen Binden, die mit Geißeln und Ruten Christum geißeln und kasteien, dazu auch ›reimben‹«. Ähnlich – aber satirisch vergröbert – schildert Anton von Bucher die Gruppe »um den rubinfarbenen Hergott, welcher unser Herrgott in der Geislung ist«. Aus Augsburg haben wir sowohl eine bildliche Darstellung aus dem Jahre 1747 als auch eine frühe, vielleicht überhaupt die früheste, Beschreibung von 1605. In ihr heißt es unter anderem:
»Die aller ersten auß der Rhotbekleydeten Bruderschaft deß zarten Fronleichnambs Christi / die haben getragen die Figur Christi /wie er am Oelberg blutigen Schweiß geschwitzt / mit vier brennenden Fewr oder Bechpfannen vor und nach

*Geißelung Christi; Karfreitagsprozession in Augsburg, 1747. Aquarell auf Papier, 35 × 30 cm, Ausschnitt. (Germ. National-Museum, Nürnberg, Inv. Nr. HB26542)*

beglaitet / durch deren Schein und Liecht die Nacht vertrieben worden / und die Bildnussen mit kläglichem Anblick und Gestallt / gantz füglich zusehen gewesen. Vor diser Bildtnuß seyn vier Knaben vorher gegangen / und Christum mit einem kläglichen Leichgesang gleichsam beweinet. Darauff ist gefolget die ander Statua und Bildtnuß Christi / wie er an der Saulen angebunden gestanden / und von starcken Kriegßknechten / so umb und neben ihm gestanden / gegeißlet worden / welche ebenermassen mit einer trawrigen Music beglait worden. Auff dise seyn gefolgt etliche Disciplinanten / mit rohten Säcken angethan / die sich selber so scharpff hergenommen und gegeißlet / daß ihnen der Rucken reichlich mit Blut uberloffen. . .
Die fünffte Figur war kein gemachts Bildt / sondern ein lebendiger Mann / welcher die Person Christi / wie er das Creutz getragen / vertretten hat / von dem Hauptmann zu Roß / sampt seinem undergebnen Hauffen und Trabanten / beglaittet / . . .« (J. Gretser, s. o.).
In der Zeit, in der die Karfreitagsprozession ihre düstere Pracht am stärksten entfaltete, führte sie Abt Hyacinth Gassner in der Hofmark Steingaden ein, und zwar mit einem Akzent, der den anderen Prozessionen zu fehlen scheint, der für die Bewohner der Gegend aber ebenso vertraut wie verständlich war: er betonte die Geheimen Leiden, und die Figur des Gegeißelten Heilands, die man für die Prozession anfertigte, war eine dieser »Vorstellungen«.

*Geißelung Christi, Oberbayern um 1480; 70 × 60 cm (Diözesanmuseum Freising)*

Ihn kan man also wohl den mann der schmerzen nennen.
Ach schmerzen? die er leydt, mit gott euch zu versöhnen.
Der ihn wird sehn, und doch strebt nach der sinden lust,
Der hat ein felsen herz, der hat ein tyger brust.

| | |
|---|---|
| *Erster Henkersknecht* | schlagt nur, und hauet ohne schröcken! |
| *Der andere* | Halt hund! und sollest du verröcken! |
| *Der dritte* | Schlagt zu, und sparret keinen streich! |
| *Der vierte* | Ich hau, bis ihm der rucken weich. |

Aus dem Oberammergauer Passionstext
von Ferdinand Rosner, 1750

# Die Geißelung und das Bild des Heilands an der Geißelsäule

*Benedicam flagellato*

(Inschrift einer Glocke der Wieskirche)

Peitsche und Kreuz gehören für das römische Recht zusammen; nach römischem Recht wurde Jesus verurteilt; die Geißelung war die Einleitung der Hinrichtung, selbst wenn man mit vielen mittelalterlichen und neuzeitlichen Deutungen annimmt, daß Pilatus hoffte, den Leidensweg Jesu mit und nach der Geißelung zu beenden. Die Geißelung »gehörte zu den entehrendsten, schmerzlichsten und grausamsten Leibesstrafen und durfte nach der lex Porcia (Cato) 195 v. Chr., und der lex Sempronia, 122 v. Chr., an römischen Bürgern nicht vorgenommen werden (vgl. Apg 16,37). Als Werkzeug gebrauchte man entweder den Stock (fustis, daher fustigatio) oder Ruten, gewöhnlich aus Zweigen des Ulmbaumes, oder die Geißelpeitsche (flagellum, flagrum, daher flagellatio). Diese bestand aus einem kurzen Stab mit Lederriemen (lora, habena) und Ketten (vincula); an ihren Enden waren oft Stacheln (scorpio), Knochenstücke (flagrum pecuinis ossibus catenatum), Knoten (nodus) und später Bleikugeln (plumbatae) eingeflochten. Die letzte Art der Geißelung hatten die gemeinen Leute und die Sklaven zu erdulden« (Innitzer). Der entblößte Delinquent wurde an einen niedrigen Pfahl, der später durch eine halbmannshohe Säule ersetzt wurde, gebunden. »Die Geißelung kam . . . dem Tode derart nahe, daß einer der ihre Folgen überstand, wie ein Mensch betrachtet wurde, der von den Toten auferstanden war« (Innitzer). Der Sprachgebrauch der Evangelien macht deutlich, daß die Geißelung Jesu mit der Peitsche erfolgte, eine *flagellatio* war. Anders als im jüdischen Recht, das vierzig Schläge als Höchstzahl vorsah, kannte die römische Geißelung keine Begrenzung, was nicht selten den Tod des Gepeitschten zur Folge hatte. Die unbegrenzte Zahl mag auch die mittelalterlichen Passionsvisionen und die Passionsspiele dazu angeregt haben, viele hundert Streiche und Tausende von Wunden bei der Geißelung zu schildern.

Der Ort der Geißelung ist das Prätorium, der Palast des Landpflegers Pontius Pilatus, genauer, die Richtstätte vor dem Prätorium, da die Evangelien berichten, daß Jesus nach der Geißelung in den Vorhof des Prätoriums verbracht wurde, die Szene der Verspottung durch die Soldaten.

Die historische Geißelung Jesu ist in den Evangelien mit großer Eindeutigkeit berichtet und lokalisiert; ihre Darstellung in der Kunst hat vielerlei Gestalt. Es ist nicht möglich, alle Typen aus einem einzigen Schema abzuleiten oder eine genaue chronologische Abfolge vorzuführen. Es soll im folgenden versucht werden, jene Züge der Entwicklung vorzuführen, die für das Verständnis der besonderen Gestalt des Heilands an der Geißelsäule in der Wieskirche wichtig sind.

*Geißelchristus, Anfang 18. Jh., überlebensgroß (Feistritz am Kammersberg, Steiermark, Kat. 4155)*

Die Diskussion von Szene, Raum, Säule, Kleidung und Attributen ermöglicht den anschließenden Versuch einer Typologie des Heilands an der Geißelsäule als Andachtsbild im süddeutschen Raum. Erst auf dieser Grundlage werden dann weitergehende Aussagen über die Ausbreitung der Verehrung des Wiesheilands möglich.

Die Geißelung Christi ist lange Zeit nur als Szene dargestellt worden. Sie tritt zuerst im 9. Jahrhundert als Psalterillustration auf. Es handelt sich um eine dreifigurige Szene, die Christus zwischen zwei Exekutoren zeigt. Deren Zahl wird später oft gesteigert, doch bleibt der dreifigurige Typus bis in die Barockzeit »klassisch«. Zum Opfer und zu den Schergen treten vielfach Zuschauer, erst Pilatus, später das Volk; aber auch von Maria wird berichtet, daß sie zusehen mußte, wie ihr Sohn gegeißelt wurde. Solche Ausgestaltungen mögen künstlerische Gründe haben – es läßt sich beispielsweise die Grausamkeit der Szene für den Betrachter erhöhen, wenn zusätzlich zum Akt der Geißelung die Intentionen, Reaktionen und Emotionen von Zuschauern gezeigt werden – und einmal formulierte Bildinhalte werden gerne weiterübernommen.

Andererseits wird man gut daran tun, in jedem einzelnen Fall zu prüfen, ob es in der theologischen Literatur, im Reliquienkult oder der Volksfrömmigkeit eine Grundlage für einen bestimmten Einzelzug der Darstellung gibt.

## Die Säule

Aus der römischen Rechtsgeschichte ist bekannt, daß die Geißelung an einer Säule erfolgte. Die Form der Säule ist im einzelnen nicht bekannt, und entsprechend unterschiedlich konnte sie dargestellt werden, wobei allerdings einige die künstlerische Freiheit regelnde, historische oder pseudohistorische Gegebenheiten nicht übersehen werden dürfen. Für das Jahr 333 wird berichtet, daß der Pilger von Bordeaux in Jerusalem die Säule sah, an der Christus gegeißelt wurde – interessanterweise im Hause des Kaiphas. Aus den frühen Berichten geht hervor, daß mehr als eine Säule (Säulenteil) in Jerusalem gezeigt wurde. Hieronymus berichtet (a. 404), daß eine Säule gezeigt wird, die einen Porticus trägt, an der das Blut des Herrn noch zu sehen ist und an die er gekettet gewesen sein soll, als man ihn geißelte. Das Vorhandensein von zwei Säulen war relativ leicht zu erklären: die eine war die des Richtplatzes vor dem Prätorium, die andere jene, an die Christus in der Nacht vor der Verurteilung, der Nacht der Geheimen Leiden, im Hause des Kaiphas gebunden war. Eine Säule, bzw. ein Teil, wurde gegen 1223 nach Rom gebracht, wo sie in der Kirche Santa Prassede verehrt wird. Sie wird im allgemeinen als die eigentliche Geißelungssäule interpretiert, wobei die Verwechslung mit der Säule im Haus des Kaiphas dadurch naheliegt, da die Geißelungssäule des Richtplatzes ja im Hause des Kaiphas, bzw. in dem darüber erbauten Sionsbergkloster gezeigt wurde. Daß auch in Konstantinopel schon früh eine Säule der Geißelung Christi gezeigt wird, macht die Sache noch komplizierter. Wie so oft bei Reliquien kommt man zu dem Schluß, daß »keine der Geißelsäulen auf Echtheit Anspruch erheben« kann. Daß aber von früher Zeit an mehrere Säulen gezeigt wurden, ist für die Darstellung in der Kunst nicht unwichtig: Die frühen Geißelungsszenen zeigen grundsätzlich eine hohe Säule, zum Teil mit einem Kapitell; seit dem 16. Jahrhundert findet sich auch die niedere Säule bei szenischer Darstellung. Bei den Andachtsbildern, also der Einzelfigur Christi an der Geißelsäule, überwiegt bei weitem die kurze Säule; die hohe darf hier als ausgesprochen selten bezeichnet werden. Dafür sind mehrere Gründe anzuführen: einerseits die größere Treue gegenüber dem historisch Bezeugten und überhaupt dem Möglichen der Geißelung, die bei hoher Säule nur schwer vorstellbar ist, andererseits die Lösung der Szene vom engen Innenraum, in dem die Säule zugleich tragender Teil war. Die barocke Ausformung der niederen Säule zeigt eine beträchtliche Vielfalt: glatte runde Säulen finden sich ebenso wie stark gebauchte, runde oder viereckige Baluster; ausnahmsweise kommt auch ein korinthischer Säulenstumpf vor.

## Der Raum

Der historische Ort der Geißelung war der Richtplatz vor dem Prätorium. Die Darstellung der Geißelung geht in bezug auf die Lokalisierung von Anfang an eigene Wege und verlegt die Szene zunächst in einen Innenraum oder zumindest in gebäudeähnliche Gebilde, die ihr als Rahmen dienen. Besonderer Beliebtheit erfreut sich der gotische Innenraum, zum Teil in der Ausprägung als Einstützenraum. Die Mittelstütze des Raumes, in den man wie in dem Freisinger Halbrelief von 1450 geradezu hineinschaut, dient zugleich als Geißelsäule. *Abb. S. 20*

Ein frühes Beispiel bieten die Glasfenster der Sainte Chapelle in Paris (Mitte 13. Jh.), in denen mehrfach die Mittelstützen eines gotischen Raumes ästhetisch zur Bildgestaltung verwendet werden. An zentraler Stelle ist hier hinter dem Hochaltar die Geißelung dargestellt.

Es ist vermutlich auf den Einfluß literarischer Quellen zurückzuführen, wenn die Säule später selbständig in den Raum gesetzt wird, wobei ihre Form stilistisch durchaus im Widerspruch zum Epochenstil des Raumes stehen kann.

Eine eigenartige Ausbildung der Räume, in denen die Passion geschildert wird, findet sich in der Krippe, besonders den Tiroler Fastenkrippen mit ihren simultanen Passionsdarstellungen. Hier kommt es zugleich zu einer pseudorealistischen orientalischen Architektur für den Palast des Pilatus. *Abb. S. 99*

Besonders eindrucksvoll und instruktiv ist die Fastenkrippe von Götzens (B. H. Innsbruck), an der sowohl die Verwendung der Architektur als Rahmen deutlich sichtbar, als auch die nicht von der exakten Chronologie bestimmte Anordnung der Passionsszenen offenkundig ist. *Abb. S. 99*

Ein anderer Entwicklungsstrang steht in Verbindung mit Ecce-homo-Darstellungen, die ja oft auf einem Balkon, im ersten Stock des Prätoriums, angesetzt werden; man vergesse dabei auch nicht den Fall Christi auf den Stufen der Palasttreppe des Pilatus, der späteren Scala santa in Rom. Hier »blickt man durch offene Fenster ins Innere des Gebäudes, wo die Geißelung . . . dargestellt ist. Unter der Empore der Stiege wird ein Kerkerfenster sichtbar« (RDK).

Eigentlich gehört dieses Kerkerfenster zu einer anderen Szene, nämlich zu den Leiden im Palast des Kaiphas. Die Barockzeit bevorzugt zur Darstellung der Geißelung kerkerartige Innenräume, die nicht einem besonderen Baustil verpflichtet sein müssen, vielleicht eher den zeitgenössischen Vorstellungen von Folterung entlehnt sind.

Die Andachtsbilder mit dem Geißelheiland sind zum Teil – wie andere Andachtsbilder auch – isoliert oder nur mit einem Rahmen dargestellt.

Die Nacht im Palast des Kaiphas wird zwar früh in der theologischen Literatur erwähnt und ausgestaltet (Johannes de Caulibus (a. 1300); vgl. aber auch die oben S. 17 zitierte Stelle bei Martin vom Cochem). Im Passionsspiel (z. B. Sterzing, Ende des 15. Jh.s) wird dargestellt, daß Jesus im Hause des Kaiphas eine unruhige Nacht der Qualen verbringen soll. In der bildenden Kunst wird die Szene im Palast des Kaiphas erst seit etwa 1700 im Zusammenhang mit der

*Kerkerheiland, Holz gefaßt und Elfenbein; ca. 1720/30. Größe der Figur 25 cm (Institut d. Englischen Fräulein, Augsburg, Kat. 3090.3)*

aufkommenden Verehrung der Geheimen Leiden gestaltet. Im süddeutschen Raum kommt es zur Ausprägung des Andachtsbildes vom Kerkerheiland (s. u. S. 32, 41). Der Kerker wird nicht nur im Gemälde dargestellt, sondern in den Kirchen »gebaut«, sei es, daß eine Nische im Vorzeichen entsprechend ausgestaltet (Andeutung von Mauerwerk und Bodenstruktur, z. B. Fliesen), sei es daß in der Kirche selbst ein eigener Kerker hergestellt wird, zum Teil höchst »realistisch« aus Tuffsteinen. Oft findet sich ein rundes Fenster, durch das in einigen Fällen Maria hereinschaut. Dieser Kerker übt auch Einflüsse auf das Andachtsbild des gegeißelten Heilands im Hause des Pilatus aus.

**Lendentuch und Kleid**

In den frühesten Darstellungen der Geißelung steht der Heiland vollbekleidet an der Säule. Seit dem 12. Jahrhundert wird er grundsätzlich nur mit einem Lendentuch bekleidet dargestellt. Das Entkleiden hat neben der wichtigen rechtlichen Bedeutung (der zum Tode Verurteilte wird entkleidet) auch eine starke moralische Relevanz, ist doch die Scheu vor der Nacktheit erst seit allerjüngster Zeit im Schwinden begriffen, wobei noch offen ist, ob es sich um einen grundsätzlichen Bewußtseinswandel handelt (solche sind ja sehr selten) oder nur um eine kurzlebige Modeerscheinung. Nicht zu übersehen ist überdies, daß das Thema Nacktheit und Kleidung sich hervorragend zu metaphorischer Verwendung eignet. Kleid und Entkleidung Christi wurden vom Mittelalter wie vom Barock in vielfacher Weise typologisch und moralisch gedeutet, und noch im Spott eines Aufklärers wie A. Bucher werden mit großer Selbstverständlichkeit die Kürzel vom rubinfarbenen (oder »blauen«) Christus (der mit seinem eigenen Kleid angetane Heiland, der gegen das Fluchen angerufen wird), vom »rosenfarbenen« (»Es ist nämlich der, den die Juden entblößt haben«) und vom »purpurfarbenen« Herrgott verwendet. Die Farbgebung mancher (restaurierter) bekleideter Christusfigur spiegelt sowohl eine Unsicherheit, um welche Szene der Passion es sich im einzelnen handelt als auch die Schwierigkeit, den Charakter der Farben des Altertums richtig zu erfassen: Purpur war ein bläuliches Rot, und das Blau war keinesweg ein einheitlicher Ton, was angesichts der geringen Lichtechtheit der frühen Färbemittel nicht verwunderlich ist. Es darf schließlich nicht übersehen werden, daß bei den frühen Interpreten einige Unsicherheiten bezüglich der Kleidung auftreten. Nach der Geißelung zieht Christus sein blaues Kleid wieder an; es wird ihm vor der Annagelung ans Kreuz genommen (10. Kreuzwegstation).

Die Andachtsbilder des Heilands an der Geißelsäule gliedern sich eindeutig in zwei Haupttypen: der erste Typ stellt Christus dar, der auf Befehl des Pilatus gegeißelt wurde. Zu diesem Typ gehört das Gnadenbild der Wieskirche. Das Lendentuch wird unterschiedlich dargestellt. Für den Wiestypus (im strengen Sinne) ist der seitliche Knoten charakteristisch; daneben gibt es eine Reihe von anderen Darstellungen, bei denen das Lendentuch von einem sichtbaren Strick gehalten wird; die Art der Schürzung des Lendentuchs weist wahrscheinlich auf verschiedene künstlerische Vorbilder, vor allem im österreichischen Raum. Vereinzelt kommen Darstellungen mit dem Heiland im Lendentuch vor, der zusätzlich einen roten (purpurnen) Umhang trägt. Hier handelt es sich entweder um eine Vermischung mit der Ecce-homo-Szene oder aber, und das dürfte häufig der Fall sein, um das nachträgliche Umlegen des Mantels im (moralischen) 19. Jahrhundert.

Ein zweiter Typ des Andachtsbildes zeigt den Heiland im meist blauen, langen Gewand. Das Kleid ist entweder bis oben geschlossen, oder es läßt die meist linke Schulter frei, um die Schulterwunde zu zeigen. Neben diesem weitverbreiteten Typ des Kerker- oder Schulterwundenchristus, der letztlich auf die Nacht im Hause des Kaiphas zurückgeht, kommt in Franken vereinzelt ein gewandeter Christus vor, der nicht zum Typ des Kerkerheilands gehört, sondern sich durch Kleid und Stirnreif statt Dornenkrone als eigenständiges Andachtsbild ausweist. Da eine umfassende Analyse der Figur des Kerkerheilands fehlt, kann derzeit noch nicht gesagt werden, ob eine Differenzierung von Typen oder ein Nachzeichnen der Entwicklung mit Hilfe der jeweiligen Gestaltung des Kleides möglich ist.

*Christus sinkt an der Geißelsäule nieder. Ölgemälde, ca. 200 × 150 cm (Pfarrkirche St. Michael, Seehausen, Oberbayern; Kat. 4049.1)*
*oben links: Christus vor der niederen Säule; Klosterarbeit, 18. Jahrhundert. Größe der Wachsfigur 25 cm (Abtei Oberschönfeld, Schwaben; Kat. 4028)*

*Christus vor der hohen Säule; um 1690 (Kapelle St. Mariä 7 Schmerzen, Sameister, Schwaben; Kat. 4011)*

## Figur und Säule

Bei der szenischen Darstellung der Geißelungsszene besteht ein enger Zusammenhang zwischen der künstlerischen Darstellung des Raumes und der Stellung des Gegeißelten. Wird auf historische Richtigkeit oder Realistik der Darstellung insgesamt verzichtet, so bietet sich die hohe Säule, mit dem Raum konstruktiv verbunden oder freistehend, als eine ideale Vertikale in der Bildmitte an, um die
*Abb. S. 20, 26* herum das übrige Geschehen angeordnet wird, wie das auf den Freisinger Tafeln deutlich wird. Dabei ist die Stellung des Gegeißelten vor der Säule mit nach hinten gebundenen Händen künstlerisch leicht lösbar und in ihrer Statik oft eindrucksvoll. Schwieriger ist es, den Heiland hinter die Säule zu stellen. Eine solche Anordnung erlaubt realistischere Gestaltung der Geißelung, bringt aber oft eine selbst in dieser Situation unnatürliche Abwinklung des Körpers mit sich, wenn dieser und vor allem das Gesicht nicht von der Säule verdeckt werden sollen. Eine Lösung dieses kompositorischen Problems suchten Dürer und Holbein d. J. in einer neuen Sicht der Szene von der Seite, um dadurch ein Maximum von sichtbarem Ausdruck und Foltergrausamkeit zu erreichen. Nachdem sich spätestens in der Barockzeit die niedere Säule als Normaltypus durchgesetzt hatte, ergaben sich für die künstlerische Gestaltung größere Freiheiten. Die Stellung hinter der Säule überwiegt. Auch beim Andachtsbild ist die Stellung schräg hinter der Säule normal (wobei man natürlich nur jene Fälle heranziehen darf, bei denen Säule und Figur ihre ursprüngliche Anordnung haben); die Popularität des Wiesheilands mag dazu beigetragen haben. Andachtsbilder mit hoher Säule sind sehr selten; der Gegeißelte vor der Säule findet sich vornehmlich in Österreich.

Der bekleidete Christus steht nie vor der Säule, sondern hinter oder neben ihr.

Neben den zahlreichen stehenden Figuren finden sich in kleiner Anzahl solche,
*Abb. S. 33* die vor der Säule liegen oder an ihr zusammensinken. Diese Darstellung – sowohl als Szene wie als Andachtsbild ausgeprägt – läßt sich auf Schilderungen der Andachtsliteratur zurückführen: »Nachdeme nun der verwundete Christus über eine Stund an der Saulen gestanden ware / wurde er endlich so matt / daß ihm unmöglich ware / lenger zu stehen . . . Darum senckte er sich allgemach an der Saul nider / und liesse sein Haupt tieff über sein Brust herabhangen. Weil er mit den Händen und unter den Armben angebunden ware / konte er nicht auf die Erd fallen / sondern hienge also gleichsam schwebend in der Lufft« (Martin v. Cochem, 27.Kap.). Diese Darstellung (z. B. in Bad Tölz) ist neben dem liegenden
*Abb. S. 99* Typ zu finden (ein Beispiel bietet die Fastenkrippe von Götzens), letzterer darf aber nicht mit der nächsten Passionsszene verwechselt werden, dem kleidersuchenden Christus. Als Andachtsbild kommt der zuletzt genannte Moment im Ablauf der Passion nicht vor.

*Abb. S. 36* Schließlich muß noch auf einen knienden Christus nach der Geißelung hingewiesen werden, der freilich fast stets ohne Säule dargestellt wird und dessen Herkunft bisher unbekannt ist.

*Kniender Christus im Kerker, 2. Hälfte 18. Jahrhundert. Größe der Figur 135 cm (Nische an der Außenwand der Pfarrkirche St. Georg, Niederrieden, Schwaben; Kat. 4105)*

## Fesselung

»Und banden ihn, führeten ihn hin und überantworteten ihn dem Landpfleger Pontius Pilatus« (Mt.27,2). Wie jede Einzelheit aus dem Bericht der Evangelien wird auch die Fesselung des Heilands von Theologen und Künstlern ausgestaltet, um Details erweitert und interpretiert. Es lassen sich eine Reihe solcher Einzelzüge durch die Literatur zurückverfolgen bis zu Reliquienverzeichnissen. Andere Elemente scheinen eher den Foltermethoden des 17. und 18. Jahrhunderts entnommen zu sein. Für die einzelnen Szenen und Andachtsbilder werden passende Elemente der Fesselung kombiniert, und zum Teil lassen sich Darstellungen des gegeißelten Heilands gerade durch die Art der Fesselung als zusammengehörig erweisen. Die Quellen sprechen von *vincula, funes, catenae*, von Fesseln, Stricken und Ketten, ohne immer im einzelnen die Art der Fesselung anzugeben. Von der Gefangennahme heißt es bei Martin v. Cochem (14. Kap.), daß Jesus die Hände mit einem Strick auf den Rücken gebunden wurden, und außerdem ein Strick um den Leib und zwei Stricke an die Arme gebunden wurden. Auf den szenischen Darstellungen sieht man häufig eine solche Art der Führung des Heilands durch zwei Schergen, die diesen Leibstrick halten. Nach Martin v. Cochem wurde Christus zusätzlich mit einer Kette um den Leib gebunden: »Dieweil sie ihn für einen Zauberer hielten / und förchteten / er möchte die Stricke zerreissen / legten sie ihm eine eiserne Ketten um den Leib / vermeynend / er wurde dise nicht zerbrechen können. Dise Kette ist noch heutiges Tags zu Pariß / wohin sie von St. Ludwig / König in Frankreich / gebracht worden« (ebd.).
Auf dem Weg von Kaiphas zu Pilatus waren Christus die Hände »auf den Rucken gebunden / und hatte eine schwere eiserne Kette an seinem Hals« (Kap. 20). Diese Kette wird mehrfach erwähnt, so z. B. bei Ludolf von Sachsen. Die Autoren berufen sich dabei auf Beda, den englischen Kirchenlehrer der ersten Hälfte des 8. Jahrhunderts.
In einer Pariser Sequenz »in Festo Reliquiarum« findet sich die Strophe

»Adoremus Lanceam
Et Cathenam ferream
Redemptoris!«
Laßt uns die Lanze anbeten
und die eiserne Kette des
Erlösers.«

und in Reliquienverzeichnissen wird eine Kette bzw. ein eiserner Halsring bezeugt.
Eine ganz andere Art der Fesselung ist die mit Schellen und Ketten. Solche Schellen finden sich vor allem (und vermutlich zuerst) beim gewandeten Kerkerheiland. Es kommen Fuß-, Hand-, Armschellen vor, daneben auch Leibschellen und – selten – eine Schelle am Oberschenkel. Die Art der Verkettung zwischen

den Schellen, zur Geißelsäule und bei den Armschellen vor allem zur Wand zeigt zahlreiche Spielarten. Für die Schellen gibt es in der Literatur keine Vorbilder. Da Fesselungen mit Schellen in den Szenen der Geheimen Leiden zu sehen sind, wird man hier das Vorbild der zeitgenössischen Realität vermuten dürfen.
Bei der Darstellung Christi in der Passion kommen durch die Eindeutigkeit der Situation bedingt verweisende Attribute seltener vor als bei Heiligengestalten. Bei den Andachtsbildern finden sie sich häufiger. Das gilt besonders vom Schmerzensmann, der durch die Summierung von Elementen verschiedener Passionsszenen geradezu zum »Arma-Christus« wird. Erst in der Ablösung von der chronologisch fixierten Szene werden Geißel, Dornenkrone oder Wundmale zum eigentlichen Attribut.
Das Andachtsbild erlaubt in der Plastik kaum Attribute, die unabhängig von der Figur sind. Auf Gemälden kommen Geißeln oder Ruten vor: solche Bilder sind abstrahiert von der szenischen Darstellung, bei der oft das Binden der Ruten gezeigt wird, oder sogar ihr Einweichen, damit sie besser »ziehen«.
Bei den plastischen Andachtsbildern des Heilands an der Geißelsäule sind nur die Dornenkrone und die Schulterwunde als häufige Attribute belegt. Die mehr oder weniger starke Ausgestaltung der Wunden bei der unbekleideten Christusdarstellung – sie reicht vom völligen Fehlen bis zum Zerfleischen – ist eher lokal bedingt oder von der jeweiligen künstlerischen oder volkstümlichen Gesamtauffassung abhängig; diese Wunden haben damit keine Attributfunktion.

## Dornenkrone

Die Dornenkrone Christi wird bereits in den frühen Pilgerberichten erwähnt. Die Erwerbung der Krone durch Ludwig IX. von Frankreich ist Ausdruck und Anregung der Verehrung der Dornenkrone zugleich. Der volkstümliche Barock gerade in Süddeutschland und in Österreich stellt die Dornenkrone drastisch dar; oft wird bei Figuren wirkliches Dornengestrüpp für die Krone verwendet, nicht zuletzt in den Geheimen Leiden. Im Haus des Kaiphas soll Christus zum Spott eine Strohkrone aufgesetzt worden sein. In einer Aufzählung der 15 Geheimen Leiden, die noch im 20. Jahrhundert auf österreichischen Gebetszetteln verbreitet ist, kommt als Nummer 13 vor, daß Christus ein Dorn von seiner Krone in die Zunge gestoßen wurde. Diese »ahistorische« Sicht der Passion und die »vorgezogene« Verwendung der Dornenkrone ist mit großer Regelmäßigkeit bei der Figur des Kerkerheilands belegt, und ist von ihm aus nicht selten auf Kopien des Wiesheilands übertragen worden.

## Schulterwunde

Die Verehrung der Schulterwunde geht letztlich auf eine Vision des hl. Bernhard zurück und wird im Mittelalter durch Gertrud von Helffta († 1302) und ihre »Exercitia spiritualia« verbreitet. Zum Gegenstand einer besonderen Andacht wird die Schulterwunde um 1700, ohne daß bisher ein genauer Ursprungsort genannt werden kann. Die Verbreitung der Darstellung der Schulterwunde läßt auf ein Zentrum in der Diözese Augsburg schließen. Ob Kreszentia von Kaufbeuren an der Verbreitung beteiligt war, ist nicht auszumachen, wenn auch die Herkunft aus franziskanischer Frömmigkeit kaum bezweifelt werden kann. Die barocke Auffassung von der Schulterwunde geht deutlich aus dem Text hervor, der auf einem Holzschnitt des 18. Jahrhunderts steht, der den Arma Christi und den Wunden Jesu gewidmet ist:
»S. Bernardus Fragt einmal unsern Herrn, und Heiland, welches sein unbekanntes Leiden geweßt wäre! da sprach unser Herr: Ich hatte eine Wunden drei Finger tief auf meiner Achsel, da ich mein Kreuz trug, dieselbe Wunde war mir so bitter, und mehr peinlicher, dann die andern Wunden alle, und derselben Wund wird wenig gedacht von den Menschen, denn sie ist fast unbekannt; darum beweiß mir derselben ein Ehr, es solle von mir werden ein Ehr, und was du von mir begehrst, und allen denen, die mich um der Wunden täglich verehren, denselben will ich vergeben ihre tägliche Sünden, will auch ihnen vergessen der tödlichen Sünden, Gnad und Gutthaten sollen sie von mir empfangen.«
Für die Entstehung der Schulterwunde gibt es eine doppelte Erklärung. Sie wurde durch das schwere Kreuz verursacht, das immer wieder abrutschte. So heißt es bei Martin von Cochem im 32. Kapitel von der Kreuztragung Christi »weil die dörnene cron so dick und breit ware / daß sie weit über die Achsel gienge; deswegen verursachte sie / daß Christus sein Creutz nit recht auf die achsel / noch gar biß an den Hals legen kondte / und es nur auff der Spitze der achsel erhalten muste. Dahero dan geschahe / daß es ohne unterlaß von der achsel herabrutschte / . . .« So wird die Schulter wund, und als Simon von Cyrene ihm hilft, das Kreuz zu tragen, »muste er auff seiner Achsel sehr vil wehetum leiden. Dann die Achsel war gantz geschunden und verwunde: Die blosse Bein stunden hoch herauß / und das schwere Creutz truckte den wullenen Rock gar hart auff das rohe Fleisch / . . .« (Martin v. Cochem 34. Kapitel). Eine besondere Erklärung – sie wird Kreszentia von Kaufbeuren zugeschrieben – besagt, »daß vor dem Bauern Simon ein gehässiger Jude an den kreuztragenden Heiland heuchlerisch herangetreten sei, als wolle er ihm helfen. Bloß zum Schein habe er ihm das Kreuz wirklich aufgehoben, aber eben nur, um es dann mit um so größerer Wucht auf die Schulter des Gepeinigten niederfallen zu lassen. Die Kreuzeskante schlug dabei dem Heiland eine tiefe Wunde« (Kretzenbacher: Heimat im Volksbarock). Die Schulterwunde findet sich vor allem beim gewandeten Heiland an der Geißelsäule; bei der nur mit dem Lendentuch bekleideten Figur tritt sie nur sehr vereinzelt auf.

*Schulterwundenchristus um 1720, lebensgroß (Wallfahrtskirche Mariä Heimsuchung Ilgen, Oberbayern; Kat. 3049)*

## Die Haupttypen des Andachtsbildes vom Heiland an der Geißelsäule

Die Art, wie Elemente der Geißelung Christi dargestellt und kombiniert werden, erlaubt die formale Unterscheidung von verschiedenen Typen. Die Herkunft aus einer szenischen Darstellung kann vielfach vermutet, jedoch nicht sicher nachgewiesen werden, zumindest solange nur wenige dieser meist volkstümlichen Andachtsbilder genau datiert sind. Der Heiland an der Geißelsäule tritt als Andachtsbild seit dem 15. Jahrhundert auf, in der Plastik besonders häufig in Spanien. Es wurde deshalb auch seine Herleitung aus Spanien vorgeschlagen, ohne daß eine solche bisher im einzelnen versucht worden wäre. Eine andere Möglichkeit der Isolierung des Heilands an der Geißelsäule, die bisher noch nicht untersucht wurde, ist die als Prozessionsfigur, denn bei den Karfreitagsprozessionen in Spanien, Italien und Deutschland ist der Heiland an der Geißelsäule als isolierte Tragfigur zu belegen. Es muß aber auch damit gerechnet werden, daß das Andachtsbild des Geißelchristus an mehreren Stellen unabhängig entstanden ist.

Der bisher früheste Beleg in Süddeutschland für den Heiland an der Geißelsäule im Lendentuch in plastischer Gestaltung als eine isolierte Figur ist ein Epitaph in Landshut nach 1643. Weitere sichere Belege aus dem 17. Jahrhundert fehlen. Während beim unbekleideten Heiland an der Geißelsäule das Vorbild der Geißelungsszene der Passion evident ist, fehlt ein solches Vorbild beim gewandeten Christus. Er ist von den frühesten bekannten süddeutschen Belegen an ein isoliertes Andachtsbild. Sieht man von einigen isolierten Belegen des »Christus als König« an der Geißelsäule ab (Bamberg; Staffelstein), handelt es sich um den Typ des »Christus im Kerker«, der allerdings bisher noch nicht eingehend untersucht worden ist. Schon die Bezeichnung ist wenig glücklich, ist doch der Kerker keineswegs ein notwendiges Element. Entscheidende Merkmale sind vielmehr das Kleid und – in der Hierarchie der Wichtigkeit und der Häufigkeit des Vorkommens – die Fesselung. Diese erfolgt in aller Regel mit Hand- und vor allem Fußschellen, zusätzlich oft mit der Leibschelle. Ein beträchtlicher Teil dieser gewandeten Figuren steht in der Tat in einem Kerker oder in vergitterter Nische. Diese Vergitterung ist vermutlich oft sekundär und geht wohl auf eine Vision der Kreszentia von Kaufbeuren und auf ein Bild zurück, das sie sich um 1720 malen ließ. Die Aufstellung in einer Nische im Vorzeichen von Kirchen oder an der Außenmauer, auch in Mauernischen auf dem Friedhof, ist häufig. Viele Figuren des gewandeten Christus an der Geißelsäule kommen ohne Kerker vor, sind aber durch Haltung, Gewand und oft auch Fesselung eindeutig als diesem Typ angehörig zu erkennen. Eine zweite Unterteilung ist die in Figuren mit und ohne Schulterwunde. In den weitaus meisten Fällen trägt Christus die Dornenkrone. Das »ahistorische« Vorkommen von Schulterwunde und Dornenkrone läßt die Figur als Andachtsbild zu einem barocken Gegenstück des älteren Schmerzensmannes werden. In beiden Bildern soll die ganze Passion von den verschiedenen Szenen abstrahiert und konzentriert dem Betrachter vor Augen

*»Österreichischer Typ« des Christus an der Geißelsäule; um 1740/50, 3/4 lebensgroß (Schnann, Tirol, Kat. 2069)*

*Wieschristus mit Armen Seelen, 18. Jahrhundert (?); Größe der Figur 115 cm (Totenkapelle Hohenpolding, Oberbayern; Kat. 1077)*

stehen. Darauf weisen auch manche Inschriften bei solchen Darstellungen hin oder die Bezeichnung »Ecce homo«. Der oft angedeutete oder gar aus Natursteinen gebaute Kerker ist so gesehen ein Element der Passion unter anderen; im chronologischen Ablauf der Passion handelt es sich um den Kerker im Hause des Kaiphas, worauf auch Details wie die vergitterten runden Fenster weisen, die aus den Darstellungen der Geheimen Leiden bekannt sind.

Die Figuren des gewandeten Christus sind vor allem in der Diözese Augsburg konzentriert. Sie werden häufig um 1720 datiert, doch kommen auch sehr viel spätere Belege vor; es stimmt deshalb nicht, daß der Wieskult den des Kerkerheilands abgelöst habe, aber ohne den schwäbisch-bayrischen Hintergrund der Geheimen Leiden ist dieser nicht zu verstehen, und es darf nicht übersehen werden, daß eine vielverehrte Figur des Heilands mit der Schulterwunde in der zum Kloster Steingaden gehörigen Wallfahrtskirche von Ilgen steht. Für diese *Abb. S. 40* Kirche hat eben jener Frater Lucas Schwaiger das Altarblatt gemalt, der auch die Figur des Wiesheilands geschaffen hat. Auf einigen Wallfahrtsmedaillen sind beide Gnadenbilder vereint.

Die Figuren des mit dem Lendentuch bekleideten Heilands an der Geißelsäule lassen sich vor allem durch ihre Stellung zur Säule unterscheiden und danach, ob es sich um eine hohe oder niedere Säule handelt. Der Wiesheiland ist der wichtigste Vertreter des Typs hinter der niederen Säule. Andere Figuren dieses Typs, die deutlich als vom Wiestyp unabhängig zu erkennen sind, unterscheiden sich durch ihre Körperstellung, und meistens (?) durch eine andere Schürzung des Lendentuchs. Diese Figuren sind in Bayern recht selten und vielleicht zum Teil von außerbayrischen Vorbildern abhängig. Hier ist vor allem auf den »spanischen« Typ des Gegeißelten aufmerksam zu machen, wie er sich z. B. in der Kathedrale von Burgos oder in Giuliana De Maria in Rom findet, und der für zahlreiche österreichische Darstellungen prägend geworden ist. Der Wiestyp *Abb. S. 42* wird durch eine Kombination von Merkmalen ausgezeichnet, die – je nach Treue der Kopie – in unterschiedlicher Vollständigkeit bei den Nachbildungen aller Art auftaucht, von der großen Figur bis zum Breverl: Die Figur trägt keine Dornenkrone, das Lendentuch ist an der linken Hüfte geknotet (wobei der Knoten bei vielen Kopien stärker hervortritt als im Original), die Hände in »offener Haltung« sind mit einem Strick an die Säule gebunden, und dieser Strick liegt mit seinen Enden über den Schultern. Es ist vielleicht ein Strick, der bei der ursprünglichen Verwendung als Prozessionsfigur unrealistisch zum »Führen« des gefangenen Jesus diente. Ein solches »ahistorisches« Element ist keineswegs unwahrscheinlich, denn auch zwei weitere, und wohl die wichtigsten Einzelzüge des Wieschristus können nicht aus der szenischen Darstellung der Geißelung durch Pilatus abgeleitet werden: die Armschellen und die Halskette. Die Halskette ist jene, an der Christus vom Hause des Kaiphas zu Pilatus geführt wurde (s. o. S. 17), und die Armschellen verweisen auf den Heiland im Kerker, da sie sonst nirgends zu finden sind. Schließlich muß die Aufstellung des Wieschristus in einer dunklen Nische erwähnt werden, die bei nicht wenigen Kopien zum

Votivbild, 1858, Öl auf Holz, 33 × 27,5 cm
(Wallfahrtskuratie Wies, Kat. 117)

Votivbild, 1848, Öl auf Holz, 38 × 32 cm
(Wallfahrtskuratie Wies, Kat. 113)

realistisch ausgestalteten Kerker wird. Das Gnadenbild der Wies erweist sich somit als ein vielleicht von dem Pater Magnus Straub entworfenes Andachtsbild, dessen Elemente alle in der Passionsliteratur zu finden waren, dessen Elemente aber auch der Volksfrömmigkeit der Gegend in jener Zeit vertraut sind: Das erste Gnadenbüchlein von 1746 sagt es nicht umsonst in seinem allerersten Satz: Der Wieschristus wurde für die Karfreitagsprozession neben anderen Darstellungen der Geheimnisse der Passion angefertigt.
Freilich, daß dieser Heiland an der Geißelsäule nicht irgend einer blieb, heute sicher verloren oder wenigstens vergessen wäre, dazu kam es, weil Maria Lori bei ihrer Abendandacht am 14. Juni 1738 Tränen im Gesicht der Figur »verspührte«.

*Altar in der Pfarr- (ehem. Klosterkirche) Hermetschwil (Schweiz, Kat. 2270.3)*

# Andertes Kapitel

## Von Untersuchung und Wachsthum diser Wallfahrt.

*Wieschristus: ehem. Altarblatt der Magdalenenkirche Aufhausen (Oberösterreich), 1758; Öl auf Holz, 140 × 98 cm (Stadtmuseum Burghausen, Oberbayern, Kat. 1037)*

# Die Tränen

*Es kommen auch einige Wunder vor; nicht als könnte ich für selbe bürgen, sondern weil ich sie in der Chronik so fand, und weil doch manches wahr sein kann, was unser Zeitgeist verlacht.*

Fr. A. Walter, Kurze Geschichte von dem Prämonstratenserstifte Obermarchthal, 1835

Am Abend des 14. Juni 1738 und am darauffolgenden Sonntagfrüh »verspührte« Maria Lori« einige Tropfen im Angesichte« der Figur des gegeißelten Heilands. Sie hielt diese Tropfen für Tränen und erschrak.

War es ein Wunder, Mirakel, Fantasieprodukt einer übersteigerten und zugleich dumpfen, unaufgeklärten Einbildungskraft, war es Pfaffenbetrug der Steingadener Prämonstratenser?

Mehr als eine Antwort ist möglich; mehr als eine ist gegeben worden. Zu simple Antworten sind wohl falsch. Man tut gut daran, sich an das Vorbild der Klosterherren von Steingaden zu halten: »Es wurde derohalben in diser Sach mit aller Behutsamkeit gehandelt« (Gnadenblum 1746, S. 25). Der Grund für die Behutsamkeit war für die Steingadener ein doppelter. Der eine gilt heute wie damals: es ist schwer, vom Wunder zu sprechen, wenn man sich nicht auf andeutendes Vorweisen von Beispielen oder vag-emotionale Rede beschränkt, die den Gläubigen vielleicht erbaut, den Außenstehenden eher abstößt oder zum Spott reizt. Der zweite Grund ist ein besonderer: es ist die wachsende Skepsis der Zeit der Aufklärung gegen alles Wunderbare und nicht Natürliche, das heißt dem Verstand Einsichtige. Es war eine Zeit, in der nicht nur die Natur als das Natürliche schlechthin galt, sondern auch die beobachtenden und experimentierenden Naturwissenschaften zu ihrem Triumphzug ansetzten, der zu einer Welterklärung geführt hat, die nur das Meßbare und experimentell Überprüfbare gelten läßt. »Für die Naturwissenschaft gibt es deshalb auch nie existentielle Betroffenheit, sondern nur Verlegenheit« (J. B. Metz). Für die Menschen in Bayern um die Mitte des 18. Jahrhunderts, und zwar nicht nur das »niedere Volk«, das bei der Diskussion um Frömmigkeit und Wunderglauben gern herangezogen – und überstrapaziert wird, gab es rationale Erklärung und Betroffenheit durchaus nebeneinander. Die Klöster des Pfaffenwinkels waren – was viel zu wenig bekannt ist – Stätten theologischer Gelehrsamkeit und der frühen Naturwissenschaft. Sie waren den Spannungen zwischen alten und neuen Ansichten besonders stark ausgesetzt und haben nicht selten versucht, behutsam einen Weg in die Zukunft zu finden; die Säkularisation wurde dann zu einer wenig behutsamen (Schein-?) Lösung von Problemen, die eben nicht rein rational lösbar sind, wie wir heute nach Bezahlung teuren Lehrgeldes zu begreifen beginnen.

Die »Begebenheit« im Wieshof, »seye selbe wie sie wolle« (GNADENBLUM 1746, S. 25), war für das Kloster Steingaden auch deshalb nicht gleichgültig, weil zur gleichen Zeit auch an anderen, nicht weit entfernten Orten »Begebenheiten« vorgefallen waren oder sich noch ereignen sollten, die zu strengen Untersuchungen durch die Kirchenbehörden führten. Diese zogen dazu, wie auch bei der Untersuchung des gegeißelten Heilands im Jahre 1745, mehrfach einen der bedeutendsten und interessantesten Theologen seiner Zeit heran, den gelehrten Eusebius Amort aus dem Augustinerchorherrenstift Polling.
Jede Epoche kennt das Wunder, das aus den normalen Erfahrungen des Laufes der Natur nicht ableitbare Ereignis, das für den Erlebenden zeichenhaften Charakter hat, also nicht nur ist, sondern über sich hinausweisend bedeutet. Für die Frühzeit unserer Geschichte war die Schöpfung eine Summe von Wundern: im ersten christlichen Gedicht der germanischen Überlieferung singt der Angelsachse Caedmon (um 670)

»Nun sollen wir preisen . . .
die Werke des Vaters der Herrlichkeit,
wie er jedes der Wunder, der ewige Herr,
den Anfang schuf.«

Vielleicht gehört das Wort ›Wunder‹, dessen Herkunft unbekannt ist und das keine außergermanischen Verwandten hat, wie andere Wörter ohne bekannte Etymologie in die älteste Schicht des religiösen Wortschatzes. Der Wandel der Auffassung vom Wunder spiegelt sich nicht zuletzt im Wortschatz der verschiedenen Sprachen. Die Vulgata verwendet den im klassischen Latein durchaus geläufigen Terminus *miraculum* nicht, sondern gebraucht *signum*, *prodigium*, *virtus*. Hinter diesen Termini stehen neutestamentliche griechische Ausdrücke. ›Zeichen‹ wurde schon im Hebräischen als geläufiger Terminus an Stellen gebraucht, wo das Deutsche ›Wunder‹ setzt. Für das Deutsche sei auf die Verzweigungen bei der Bedeutungsentwicklung hin zum »Wunderbaren«, aber auch zum »Verwundern« hingewiesen. Als theologischer Terminus dringt das lat. *miraculum* ein und wird, samt der Adjektivableitung ›mirakulös‹ spätestens im 17. Jahrhundert populär. Leider erlauben die derzeit verfügbaren Wörterbücher keine genauere Darstellung der Wortgeschichte, die zugleich Aussagen über die Sache erlauben würde. So fehlt es auch an einer Sammlung von Belegen für die Zeit um 1700.
Die volkstümliche Auffassung vom Wunder geht schön aus einer Stelle in der »Bauren-Legend« (1734) des Landsberger Predigers Jacob Schmid hervor: »Die Mirackel und Wunderwerck seynd nichts anderst / als lauter Zungen / mit welchen die Mayestät Gottes zu reden pflegt / theils seine Allmacht zu erweisen /theils die Warheit deß allein-seeligmachenden Glaubens zu bestättigen: und diejenige Diener Gottes / welche auch mit disen Zungen begabt /will sagen mit der Gnad Mirackel zu würcken / wann sie auch sonsten schon einfältig / und unberedt sey / vermögen doch überaus vil / andere zur Erkandtnuß der Christlichen Warheit / oder zum tugendsamen Leben zu bewegen.«

Der Verfasser der GNADENBLUM sieht sich dagegen im Jahre 1746 veranlaßt, in seiner Vorrede – um »übelgesinnten Urtheilen vorzubiegen« – kurz den Unterschied zwischen einem »Miracul oder Wunderwerck, und zwischen einem *Beneficio vel Gratia*, Gutthat oder Gnad« in Kürze zu erklären. Er muß es wohl tun, denn zwischen der Formulierung des – scheinbar naiven! – Jacob Schmid und der Veröffentlichung der GNADENBLUM liegt die Veröffentlichung (1734–38) der grundlegenden und mit ihren vier Foliobänden wahrlich gewichtigen Darstellung *De servorum Dei beatificatione et beatorum canonisatione,* des Kardinals Lambertini und (seit 1740) Papstes Benedikt XIV. Dies Werk über die Heiligsprechung ist grundlegend für die spätere Kirchenrechtsgeschichte.

Es ist für unseren Zusammenhang von Bedeutung durch die ausführliche Diskussion des Wesens und der Rolle des Wunders im Leben und nach dem Tod jener Christen, die zur Ehre der Altäre erhoben werden sollen. Eusebius Amort legt bei seinen Gutachten über Kreszentia von Kaufbeuren die Unterscheidung Benedikts von drei Klassen von Wundern zugrunde und erweist sich damit – würde man heute sagen – als auf dem neuesten Stand der Forschung befindlich. Der Verfasser der GNADENBLUM kennt und zitiert Benedikt ebenfalls; er schreibt aber nicht für den theologisch vorgebildeten Leser: »Übergehe demnach die tieffsichtige Einsichten, Beschreibungen, klugiste Abtheilungen der Gottesgelehrten«, sagt er in ähnlichem Zusammenhang 1748 (S. 10); er beschränkt sich auf einige markante Zitate, die er ins Deutsche übersetzt, und ein paar Beispiele, die er nach Art seiner Zeit den bedeutendsten Autoren zum Problem des Wunders entnimmt.

»Es ist derohalben wohl zu mercken, daß ein Miracul oder Wunderwerck eygentlich seye ein ungewöhnlich wunderliche Begebenheit wider, oder über die Kräfte der Natur, oder wenigstens wider die Arth und Weiß, wie sonsten die Natur zu würcken pfleget, also beschreibet, und theilet die Miracul ab der Heil. Thomas von Aquin [;] zu deme wird eine dergleichen ungewohnliche Begebenheit vor ein Miracul offentlich nit erkennet, es sey dann ein Sach, daß selbe durch offentlichen Process von Bischoffen, oder seinem *Vicario* bewähret; dann es kan offtermalen geschehen, daß ein Sach für ein Miracul gehalten, weilen einem oder auch anderen Menschen die natürliche Ursach nit bekannt, welches nach Lehr des gelehrten *Pignatelli* nit erklecklich; massen die natürliche Ursach nit nur einen, oder auch mehrerem, sondern nach möglicher menschlicher Wissenschaft allen unbekannt seyn muß« (GNADENBLUM 1746, S. 14).

Nachdem er Beispiele für Guttaten oder Gnaden gebracht hat, die »einem Miracul in etwa gleichen« – indem ein Kranker zum Beispiel geschwinder gesundet als man hoffen konnte, oder ein Sünder allmählich sich bekehrt –, bedient sich der Verfasser der GNADENBLUM zur Erklärung des Wunders »abermahlen der weltberühmten Gelehrtheit Ihro Päbstlichen Heiligkeit Benedikt XIV., da er also schreibet: Der gemeine und angenommene Außspruch scheinet zu seyn / daß die Bekehrung eines Sünders wahrhafft / und eygentlich miraculos seye / wann ein solche Bekehrung mit Hülff der Gnad Gottes neben oder wider

sonst gewohnliche Ordnung geschihet / und zwar in einem Augenblick, vollkommen, ohne vorhergehende ordentliche Zubereitung, und dises mit einer vollkommenen Beständigkeit auf längere Zeiten« (Gnadenblum 1746, S. 17f.).
Wie verhält es sich aber mit einem Tränen vergießenden oder Blut schwitzenden Bild? Der Wunderglaube wandelt sich im Laufe der Zeiten, und damit auch die Art der Wunder, die geglaubt werden. Andererseits gibt es Erscheinungen, die aus ganz verschiedenen Jahrhunderten berichtet werden und die offensichtlich spontan immer wieder auftreten. Man wird sie nicht zur Kategorie des Wunderbaren zählen, wohl aber zu den Erscheinungsformen religiöser Imagination. Die Tränenwunder gehören hierzu ebenso wie die Berichte von den Haaren an Heiligenbildern, deren Wachsen beobachtet wurde. Zuweilen treten solche Erscheinungen gehäuft auf, sei es als Nachahmung, sei es aus der gleichen Grundstimmung heraus, die sich in manchem Fall bis zur Hysterie gesteigert haben mag. Tränen weinten jedenfalls schon antike Götterbilder. Tränen weinten Bilder der Maria, Tränen weinte nicht nur eine einzige Figur des leidenden Heilands. Der Wiesheiland ist nicht der erste Beleg aus dem 18. Jahrhundert. Einen guten Einblick in das Phänomen vermittelt eine Schilderung der Maria Anna Josefa Lindmayr, deren besondere Verehrung einem Ecce-homo-Bild galt, das heute noch in Pielenhofen bei Regensburg existiert. Sie sah »wie Christus in diesem Bild so stark zu weinen anfing, daß es zum Erbarmen war, und das heilige Bild ganz anschwoll von dem bitterlichen Weinen, so daß ich fürchtete, das Glas, welches davor war, müsse zerspringen« (B. Günther: Maria Anna Lindmayr).
Eusebius Amort hatte für solche Erzählungen wenig übrig. Die Tränen waren für ihn fingiert, ihre angeblichen Spuren waren das Werk des Malers. Das Zeugnis der Maria Lori und ihres Ehemanns war ihm verdächtig. So wünschte er , daß die leicht bewegliche Figur befestigt und an einem Ort aufbewahrt werde, zu dem nur der Abt den Schlüssel haben solle. So geschah es auch, und die Figur des Wiesheilands wurde durch ein Glas abgeschlossen, das bis nach dem zweiten Weltkrieg den Schrein im Hochaltar der Wieskirche verschloß und das geradezu ein Zeichen des »echten« Wiesheilands wurde, so daß viele seiner Kopien im Unterschied zu den meisten anderen Gnadenbildern ebenfalls in Glasschreinen aufgestellt wurden. Entsprechend vorsichtig äußert sich die Gnadenblum, und will kein Wunder postulieren. Der Aufklärer Eusebius Amort machte kurzen Prozeß mit dem Tränenwunder auf der Wies, und ebenso später mit Tränen an einem Murnauer Bild der Maria. Aber er bezweifelte nicht, daß auf der einsamen Waldwiese bei Steingaden Gnaden und Guttaten erfolgten und ihretwegen der Ruf des gegeißelten Heilands zu Recht bestehe.

Von einer Untersuchung des Tränenwunders vom 3. Februar 1745 vor dem Steingader Pater Franz Joseph und in Anwesenheit der Gerichtsmänner Johann Schweiger von Resle und Norbert Beer von Lauterbach, deren Protokoll fragmentarisch überliefert ist, sind uns die Aussagen der Tochter der Wiesbäuerin erhalten:

*Frag* Wie sie heiße?
*Ant* Ich heiße Maria Magdalena Lori
*Frag* Wie alt sie sey
*Ant* Ich seye 18 Jahr alt
*Frag* Ob die Bildnuß Christi des gegeiselten Einsmalen weinent nämlich das die Zähern herabgefallen gesehen worden. Item ob sie es selbst gesehen dan zu welcher Zeit oder Stunde solches geschehen seye.
*Ant* Sie seye von der Muter neben ihrer 2 geschwisterigen herzu berufen worden, und habe hierauf solches Weinen sehen.

*»Wiesherrle«, 18. Jahrhundert; Größe der Figur 25 cm; verglaster Schrein zum Aufhängen (Privatbesitz, Kat. 1185)*

*Titelkupfer des ersten Gnadenbüchleins und großes Andachtsbild, 1746, 23,5 × 16,2 cm. (Slg. Dr. Roth, Vierkirchen, Oberbayern, Kat. 401)*

# Bild und Gnadenbild

*Reich ist die Christenheit an Gnadenbildern*
*Zu denen wallend ein gequältes Herz*
*Kann Ruhe finden. Manch schwere Bürde*
*Ward abgeworfen in Lorettos Haus.*

Schiller: Braut von Messina

Viele Formen haben die Versuche der Menschen, dem Göttlichen nahe zu sein. Die vergleichende Religionswissenschaft kann sie nach Typen ordnen, kann Entwicklungen von undifferenzierten Primitivformen zu Hochreligionen zeichnen, kann die religiöse Haltung verschiedener Schichten in Zusammenhänge bringen mit anderen Erscheinungen des gesellschaftlichen Lebens. Daß die Handlung oder das Verhalten eines Menschen zeittypisch oder schichtenspezifisch ist, nimmt ihnen keineswegs ihre individuelle Glaubwürdigkeit oder Richtigkeit, und ein Urteil über die Wahrhaftigkeit einer Person und die Wahrheit einer Aussage darf nicht voreilig gefällt werden. Daran zu erinnern, ist – die Erfahrung zeigt es – besonders nötig, wenn über Bilder und Gnadenbilder in der Kirche zu sprechen ist. Dem Göttlichen sich nähern – das kann rein geistig durch die Meditation geschehen; doch schon im Wort tauchen Bilder auf, ist doch die Sprache, um das schöne Bild von Jean Paul zu gebrauchen, ein »Wörterbuch erblaßter Metaphern.« Dem Göttlichen kann man sich auch durch Handlung nähern, im Kult, durch den Vollzug der Liturgie. Und wieder eine andere Art ist es, sich zu heiligen Stätten zu begeben, heilige Leiber aufzusuchen und heilige Bilder, Bilder von Heiligen, Bilder, die das Heil darstellen, Bilder, die das Heil bringen. Bilderverbot und substantiell heilige Ikone bezeichnen die Extreme der möglichen Einstellungen zum Bild in der christlichen Kirche.

Das Konzil von Trient hat mit seinem Beschluß über die Bilderverehrung die katholische Position festgelegt. »Ferner lehrt der heilige Kirchenrat, daß man Bildnisse Christi, der jungfräulichen Gottesgebärerin und anderer Heiliger besonders in Kirchen haben dürfe und sie beibehalten soll, und daß man ihnen die gebührende Verehrung und Ehrfurcht erweisen müsse, nicht als ob man glauben dürfte, daß ihnen irgend etwas Göttliches innewohne oder eine Kraft, weshalb sie verehrt werden sollen oder als ob man von ihnen etwas erbitten könne oder das Vertrauen auf die Bilder setzen müsse, wie ehedem die Heiden taten, welche ihre Hoffnung auf die Götzenbilder setzten: sondern weil die Ehre, die man ihnen erweist, sich auf die Urbilder bezieht, welche sie darstellen, . . .«

Unter den Bildern sind einige ausgezeichnet – es sind solche, bei denen ein Zeichen geschah. Die sogenannten kleinen Andachtsbilder und Wallfahrtszettel künden davon: »Effigies statuae miraculosae Beatissimae Deiparae Virginis in Hohenpeißenberg«, »Miraculosa imago . . .«, »Das wunderthätige Gnadenbild«. Aber der Weg zum Gnadenbild wird nicht gegangen in der Erwartung des

Wunders, sondern in der zuversichtlichen Hoffnung auf eine Gnade, eine Guttat: Darunter ist nach der GNADENBLUM von 1746, S. 15, zu verstehen »jeglicher guter Ausgang oder Erfolg, welcher neben der Anrufung Gottes oder Fürbitt eines Heiligen nit ausschliesset die Mitwürckung natürlicher Ursachen.« Vor dem Wunder und der Gnade liegt die Andacht und die Verehrung. Die Erfahrung des Wallfahrtsseelsorgers spricht aus der Erörterung des Verfassers der GNADENBLUM, was Wunder, was »nur« Gnade sei: »indeme es sich öfters zutraget, daß in Anschauung, oder bei Anrufung, oder mit Anrührung der Gebeiner eines Heiligen, oder eines anderen Gnaden-Bilds dergleichen hefftig angefochtene Menschen in erwünschte Gemüths-Ruhe gestellet werden« (GNADENBLUM 1746, S. 17). Es dürfte eigentlich nicht so schwer sein, solche Aussagen zu Einkehr und Sammlung mit Hilfe von Handeln und Betrachten in die Terminologie heutiger Therapien zu »übersetzen«. Wenn sich auch die Anlässe zur Krankheit und Unrast im 20. Jahrhundert von denen des achtzehnten unterscheiden, so verweisen doch viele Symptome auf unveränderte, vielleicht unwandelbare Grundstrukturen menschlicher Existenz.

Natürlich gibt es bei den Gnadenbildern Aberglauben und Betrug, gibt es vor ihnen Selbstbetrug und nur momentane psychische Erregung. Daß es für die Zeit, in der die Wallfahrt zum Gegeißelten Heiland entsteht, nicht um primär magische Beziehung zum Bild geht, erhellt auch aus den folgenden Beobachtungen: Die Figur wird nach dem Tränenwunder »an dem Leib und zerbrochenen Abglidung verbessert« (GNADENBLUM 1746, S. 26); vor allem wechselt sie mehrfach ihren Platz: von der Schlafkammer der Maria Lori in die kleine Feldkapelle, von dieser in die heutige Kirche. Bei einigen »Filialwallfahrten« ist es nicht die erste, aus der Wies bei Steingaden mitgebrachte Kopie, sondern eine zweite oder dritte Figur, die verehrt wird: so in Bihlafingen (Kr. Biberach) oder in Emmersdorf (Lkr. Dingolfing). In Wildwiesen in der Steiermark steht die ursprüngliche Figur mit einem entsprechenden Vermerk an der Kirchenwand; auf dem Altar steht eine zweite, neuere Figur des Wiesheilands.

*Abb. S. 165*

Daß es – zumindest zunächst – mehr die Andacht zum Gegeißelten Heiland ist als die zu dem besonderen Bild auf der Wies, geht wohl auch aus der Art und dem unvergleichlichen Umfang der Wallfahrt und ihrer Ausbreitung hervor, wobei nicht selten der Bezug zum ursprünglichen Wiesheiland verloren geht.

Über solchen Beobachtungen darf die andere nicht vergessen werden, daß nämlich der Ort der Gnade eine Eigenbedeutung annimmt, die im Falle der Wieskirche heute das Gnadenbild für viele Besucher völlig verdrängt hat.

Die Ehre Gottes wird durch die »andächtige Besuchung« befördert und es ist nicht zuletzt der Umfang und das Andauern des »Zulaufs«, »aus welchem dann erhellet, daß der allergütigiste Gott an diesem Gnaden-Orth sonderbahr gnädig sich erzeige« (GNADENBLUM 1746, S. 34). Die Zahl der Gläubigen, die auf der Wies eine Gnade erfuhren und dies öffentlich bezeugten, veranlaßte andere zu kommen, damals zu Fuß, heute vor allem mit Auto und Omnibus: Aus der unansehnlichen Prozessionsfigur war der Mittelpunkt einer Wallfahrt geworden.

*Wieskapelle Wildwiesen, erbaut 1851; Größe der Figur 115 cm (bei Miesenbach, Steiermark; Kat. 2226)*

*Das ursprüngliche »Wiesherrle« von Wildwiesen (Kat. 2227)*

*Miniatur von B. Ramis aus der Steingadener Handschrift Clm 1007 (Bayer. Staatsbibliothek, München)*

# Die Anfänge einer Wallfahrt zum Gegeißelten Heiland auf der Wies

*Aspice, sic Veniunt peregrini ad Templa frequentes,*
*et pleni meritis, Aspice, Sic abeunt.*
*Hic labor est, merita ut facias tibi plurima Vivens,*
*Mercedem ut Capias, amplius haud labor est.*

Schaue, es kommen die Pilger zu der Kirchen in großer Zahl;
schaue, sie kehren, der Verdienste voll, wieder zurück.
Dies deine Müh, im Leben Verdienstvolles wirken,
Dir den Lohn zu erringen – keine Müh ist dann mehr:

»Vor nicht sehr vielen Jahren fiel es dem Prälaten in . . . ein, ebenfalls ein Miracelbild zu haben. Er zog also einen gegeiselten Kristus aus einer alten heiligen Rüstkammer hervor, ließ ihn kostbar verzieren, und stellte ihn auf den Altar. Man ließ durch bestellte Leute einige kleine Mirakel wirken, log noch andere dazu, umhängte den Altar mit *Ex voto*, stellte Prozessionen dahin an, etc. etc. So wie der Pöbel zu einem neu erstandenen Quacksalber oder Gaukler hinzu läuft, und den schon bekannten verläßt; so lief nun alles Volk nach . . . und die übrigen *Thaumaturgi* und *Thaumaturgae* wurden wie ein altes Marionettentheater verlassen.«

Der gehässigen und sich durch genügend Fehler als falsch erweisenden Schilderung des Johann Pezzl (Reise durch den Baierschen Kreis) aus dem Jahre 1784 setzt man am besten die Antwort entgegen, die Franz von Paula Schrank nur zwei Jahre später auf solche Angriffe im allgemeinen und auf die Wieswallfahrt im besonderen gab. Er tat es mehr en passant; sein Hauptinteresse galt ja den Naturwissenschaften, und er war auf der Suche nach Pflanzen und Tieren, als er von Steingaden aus die Bleick bestieg, die höchste Erhebung des Trauchbergs, dessen charakteristische Form – wie viele meinen – Zimmermann mit dem Dach der Wieskirche bewußt nachgezeichnet haben soll.

»Nachdem wir eine Stunde lang gegangen waren, kamen wir auf die Wiese. So heißt dieser Ort, der eigentlich nur aus einer überaus schönen Kirche, der Wohnung einiger wenigen Geistlichen aus dem Stifte Steingaden, und noch einigen Häusern besteht; er hat seinen Ursprung ganz der Kirche, oder vielmehr der in selber zur Verehrung aufgestellten Statue des gegeißelten Heilandes, welche seit ungefähr 40 Jahren von andächtigen Wallfahrern besuchet wird, allein zu danken. Schon dieser Umstand sollte gewisse Leute mit den Wallfahrten aussöhnen, über die sie manchmal so unanständig spotten. Ich werde wohl niemals in meinem Leben eine Wallfahrt errichten helfen, und kann es gleichgiltig ansehen, wenn hier und da welche aufgehoben werden, aber der Spott darüber ist mir unerträglich; er ist sicher allemal lieblos, ungerecht, Lüge: denn man setzt immer Pfaffenbetrug und Irreligiosität der Wallfahrer voraus, die die Gott allein gebührende Ehre einem Bilde erweisen. Letzteres ist allemal falsch: und ersterer, wenn er doch jemals vorgegangen wäre, sollte wohl nicht mit lucianischer Schreibart, sondern im ernsten Tone der Wahrheit gerüget werden. – Was die Entstehung der gegenwärtigen Wallfahrt betrifft, so ist die Erzählung davon, die in einer, bissigen Spottes vollen Reisebeschreibung steht, zuverläßig Hirn- oder Herzengespinst des Verfassers.

Der Baumeister dieser wirklich sehr schönen Kirche war Dominikus Zimmermann, und von einem andern Zimmermann sind die vielen Frescogemälde derselben« (Schrank: Baiersche Reise).

Am Ende des Jahrhunderts war das Wallfahrtswesen den aufgeklärten Intellektuellen wenn schon kein Ärgernis, so doch ein Problem. Die offizielle Kirchenpolitik versuchte, die Bittgänge und Wallfahrten zu reduzieren, ging gegen abergläubische Volksbräuche, wie das Wetterläuten vor, und lehnte übertriebene Kirchenausstattung ab. Für die Diözese Augsburg bieten die Anordnungen des letzten Fürstbischofs Clemens Wenzeslaus, gewiß kein extremer Vertreter der Aufklärung, zahlreiche Beispiele für die Versuche, das Volk zu einer, wie die geistige Oberschicht meinte, geistigeren Auffassung des Christentums hinzuführen. Bei den Kreuzgängen sollte geprüft werden, ob sie nicht zu weniger weit entfernten Orten gehen könnten; noch besser wäre es, nur Deputationen zu schicken. Das weibliche Geschlecht müsse auf alle Fälle daheim bleiben, wenn man über Nacht ausbleibe; im eigenen Wohnort könne ein ebenso kostbarer Ablaß gewonnen werden. Besonders ärgerlich für das Volk mußte das Verbot von 1783 sein, neue Gelübdetafeln in den Kirchen aufzuhängen und »sogenannte Wunder- oder Guttaten von der Kanzel herab zu verkünden.« Die Anordnungen legen Zeugnis ab vom Geist ihrer Verfasser; sie sind durch ihre nicht selten apodiktische Art aber zugleich ein Zeugnis für die Festigkeit der Anschauungen beim Volk, die sie zu verändern trachteten. Wallfahrten sind – in ganz verschiedener Ausformung – in Bayern seit alters her so beliebt gewesen, daß Aventin sie in einem immer wieder zitierten Ausspruch geradezu als ein Charakteristikum des Volkes bezeichnet hat.

»Alten-Oetting ist der Hauptort unter allen Wallfahrten, dann folgen etwa Dorfen, Ettal, Bogenberg, Deckendorf, die obere Wiese, Scheuern [i. e. Scheyern], Andechs, etc. die im ganzen Lande als sogenannte Gnadenorte bekannt sind: Nebst diesen aber existiert noch eine zahllose Menge unbekannter Mirakelkirchen, die nur in einem Winkel von einigen Stunden ihrer Nachbarschaft bekannt sind«, schreibt Pezzl 1784, ein in diesem Zusammenhang kaum verdächtiger Zeuge, und liefert damit zugleich einen Beweis für die Bedeutung der Wieswallfahrt, ist sie doch die einzige unter den genannten, die nicht wenigstens auf das Spätmittelalter zurückgeht. Solange eine genaue Übersicht über die Wallfahrtsorte in Bayern und ihr Entstehungsdatum fehlt, kann man keine endgültige Einordnung der Wieswallfahrt versuchen; daß sie sich von allen übrigen im 18. Jahrhundert entstandenen durch Dauer und Zulauf unterscheidet, steht aber fest. Bevor die Entstehung der Wieswallfahrt mit den wichtigsten Daten skizziert wird, ist es nicht überflüssig darauf hinzuweisen, daß es gar nicht

*Abt Hyacinth Gassner (1692–1745), Abt Marian Mayer (1712–1773); Ölgemälde, 18. Jh. (Pfarrhaus Steingaden, Oberbayern)*

so leicht ist zu bestimmen, worin eine Wallfahrt eigentlich besteht und in welchen Fällen wirklich von einem Wallfahrtsort gesprochen werden darf. In der Volkskunde hat es über diese Frage heftige Kontroversen gegeben, die hier nicht referiert werden sollen. Fest steht heute, daß in verschiedenen Jahrhunderten und in den einzelnen Teilen unseres Landes unterschiedliche Formen und auch ganz verschiedener Sprachgebrauch festzustellen ist. Es ist deshalb zweckmäßig, die örtlichen Verhältnisse genau zu beobachten und zu beschreiben. Für die Wallfahrt zum Gegeißelten Heiland treffen jedenfalls die drei Elemente zu, die W. Brückner als konstitutiv für eine Wallfahrt bezeichnet hat: *processiones, concursus, peregrinantes*. Die Gnadenbüchlein der Wies erwähnen »Offentliche Creuz- oder Bitt-Gäng aus Städt, Märckten, und Dörfferen«, sprechen vom »grossen Zulauff« und von den einzelnen »Wallfahrtern« oder von »Pilgrimen« oder vom »andächtig-wallfahrtenden Volck«.

Daß es sich um eine »Wallfahrt« handelt, ist für die Gnadenbüchlein selbstverständlich; die Schritte bis zur vollen Ausprägung sind in dem ersten Gnadenbüchlein von 1746 verzeichnet:

Der Abt hatte nach dem Bericht über die Tränen Stillschweigen angeordnet; die Bildnuß sollte in der Kammer der Maria Lori verbleiben. Man wollte abwarten, »ob dise Begebenheit ein wahres oder nur eingebildetes Zeichen seye«. Aus dieser Zeit sind im ersten Gnadenbüchlein zwei »Guttaten« überliefert: die eine ist eine Anrufung des Gegeißelten Heilands am 19. Juni 1739 in »gefährlichen Kindsnöthen« der Maria Lori durch Euphrosina Schwartzin aus der Litzau – einem Weiler an der alten Straße von Steingaden herauf zur Wies; die zweite ist eine Verlobung derselben Euphrosina Schwartzin im Jahr 1740. »Und dise ist die erste durch dises Gnaden-Bild ertheilte Gutthat« (GNADENBLUM 1746, S. 125).

*Abb. S. 77*

1739 wurde eine Feldkapelle in der Wies errichtet, wie sie es bei den meisten Weilern oder »Ortsgemeinden« (wie man heute sagt) der Gegend gibt: »damit die in disem einsamen Orth umligend – einschichtig und von allen Kirchen Stund weit entfernte Bauern-Höf Gelegenheit hätten an denen Feyrtägen Abends der Andacht mehreres abzuwarten.« Abt Hyacinth »verwilligt« diesen Kapellenbau »dieser Bildnuß zu ehren«, und gibt hierzu auch »Holz, Kalch, Ziegel und Stein« gratis. Die Figur wurde dort aufgestellt, »welches abermahl ohne eintzige Feyerlichkeit . . . geschehen; um auf solcher Weiß keiner Neuerung Anlaß zu geben, sondern vilmehr der Göttlichen Anordnung alleinig alles heimzustellen.« Die Übertragung muß Anfang 1740 erfolgt sein. Es beginnt eine »grosse Andacht« aus der Nachbarschaft, und Catharina Schwaigerin aus Ried in der Herrschaft Hohenschwangau hat Ende 1741 »das erste Gelübd-Täfelein in der Gnaden-Capellen Christo ihrem Erretter zur Danksagung aufgehenckt«. Weitere Votivgaben folgten schnell. Das Kloster Steingaden wartete ab: »Indeme Pauinus lehret, was keine Beständigkeit habe, komme nit her von dem heiligen Geist.« »Da sich . . . die Beharrlichkeit und Wachsthum genugsam zeigte«, hielt Abt Hyacinth Gassner beim Bischof von Augsburg um die Erlaubnis an, auf einem beweglichen Altar *(altare portatili)* die Messe lesen zu dürfen. *Abb. S. 101f.*

»Auf welches dann den 17. Mertzen An. 1744 nach vorher geschehener Benediction oder Seegnung der Capellen die erste heilige Meß gelesen wurde.« Damit war der entscheidende Schritt zur Wallfahrt getan: Nun war es möglich, Messen zu »verloben«, Prozessionen konnten mit einem feierlichen Gottesdienst abgeschlossen werden; die Anwesenheit von Wallfahrtspriestern aus Steingaden erlaubte das Beichthören.

1745 »befindet sich dermahlen des Tags hindurch ein Pater für beständig alldort«, und Abt Marianus rechnet damit, daß zwei oder drei Patres erforderlich sein werden. Nach der Einweihung des Neubaus sind es fünf Wallfahrtspriester, wie aus dem »Hauptbuch« der Wies zu entnehmen ist, 1774 waren regelmäßig sechs Patres in der Wies. Abt Marianus, der Nachfolger von Hyacinth Gassner, beantragte beim Kurfürsten die Genehmigung zum Kirchenbau, nachdem auch die angebaute hölzerne Erweiterung der Kapelle die Pilger nicht mehr fassen konnte. Vom 14. bis zum 16. September erfolgte dann die Untersuchung der Wallfahrt durch die bischöfliche Kommission, nachdem schon vorher eine Untersuchung durch das Kloster stattgefunden hatte. Dieser gehörten Franz Joseph von Handl, der Zensor des Bischofs, Eusebius Amort, Chorherr aus Polling, Johann Georg Jenker, der Dekan von Schongau, Franz Gailer, der Dekan von Weilheim, und der Kanonikus Joachim Hoffmayr, Dekan von Rottenbuch, an. Das Ergebnis war trotz der Skepsis von Amort gegen alle Wunder doch eindeutig: »Es zeige sich mit Grund dise Andacht weit grösser, und besser, als sie vorgegeben worden, . . .« Amort hätte sie vielleicht lieber unterdrückt, wenn nicht mit allen Kräften die Verehrung des leidenden Heilands gefördert werden müßte, . . . »dieweil solches Geheimnuss nach der Creuzigung Christi, wo nit das Vornemste wenigist das eintringlichste, welches in die einbildung und herzen den

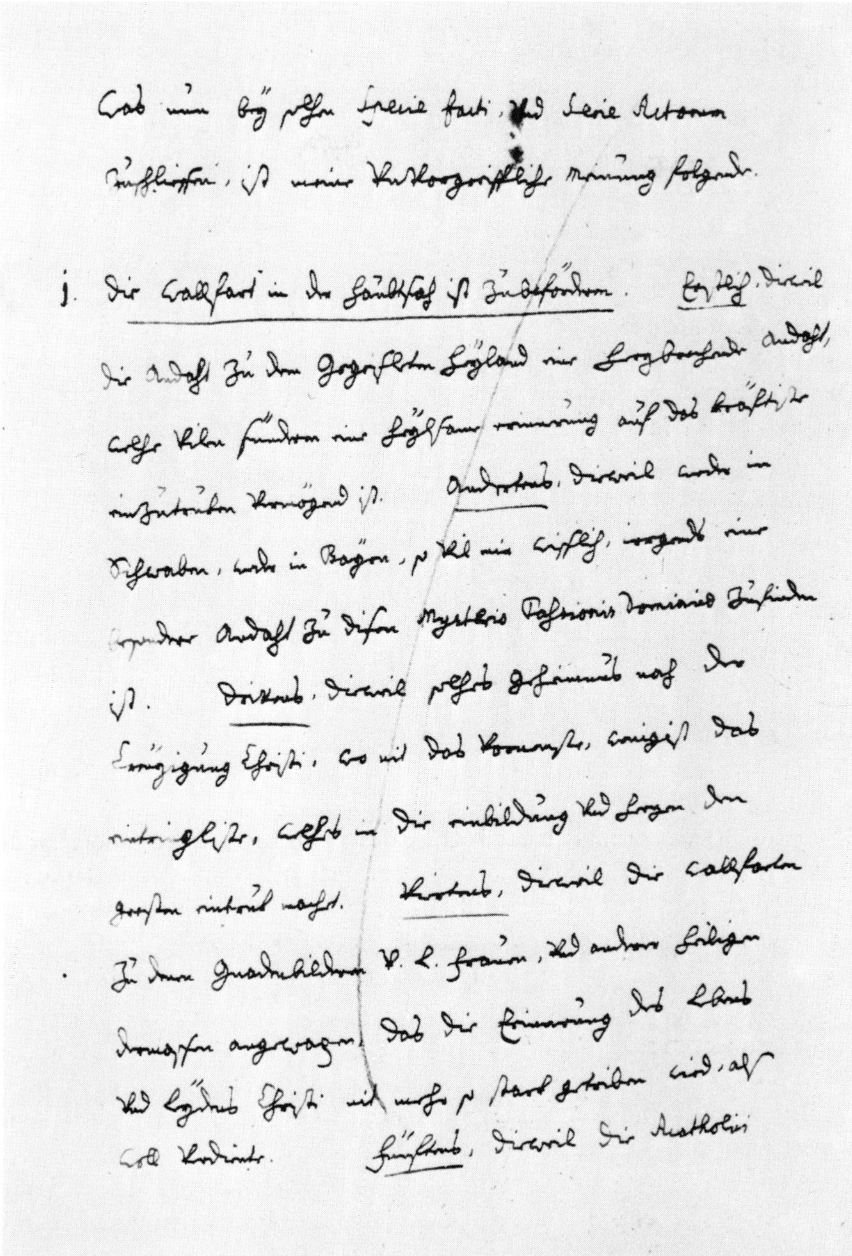

*Bericht von Eusebius Amort über die Wieswallfahrt, Entwurf, Autograph (Bayer. Staatsbibliothek München, Clm 1410)*

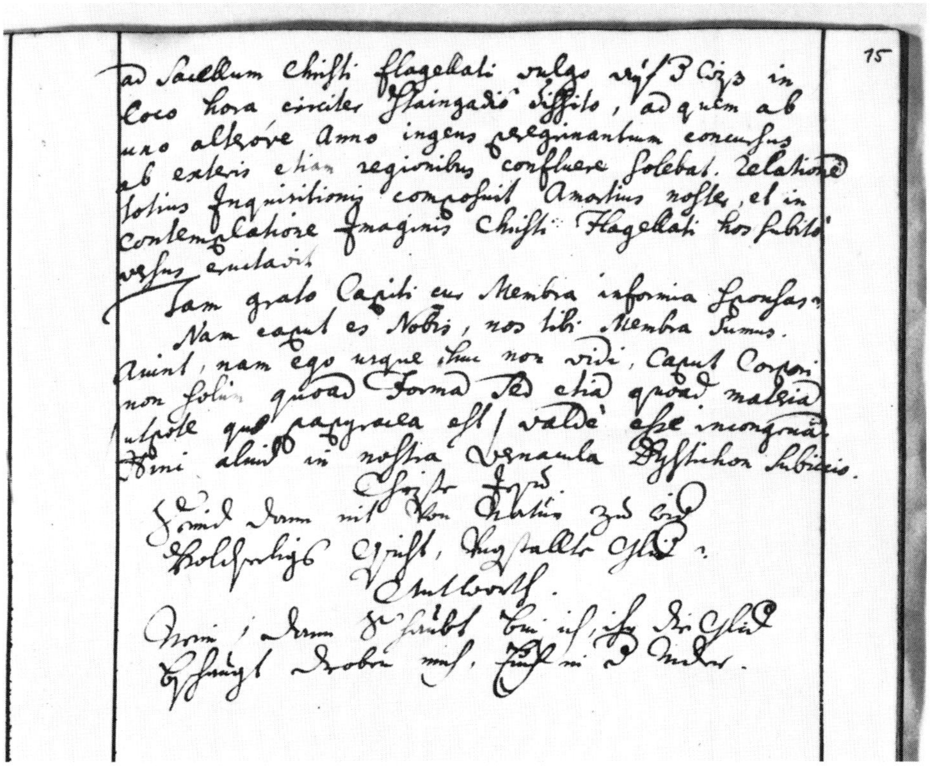
Tam grato Capiti cur Membra informia Sponsas
Nam caput es Nobis, nos tibi Membra sumus.

*Tagebucheintrag des Abtes Franz Töpsl von Polling über die Untersuchung der Wieswallfahrt durch Eusebius Amort (Bayer. Staatsbibliothek München, Clm 26461)*

gresten eintruk macht«. Bei all seiner fast szientifischen Nüchternheit war Amort aber angerührt von der primitiven Bildnuß des Wiesheilands: »ohne vorhergehendes Bedencken« verfertigte er bei ihrer Untersuchung das folgende Distichon

*Tam grato Capiti, cur membra informia sponsas?*
*Nam Caput es nobis, nos tibi membra sumus.*
»Warum deß Haupts-Gestalt die Glider nicht erreichen?
Uns Glider macht die Sünd von Gott dem Haupt abweichen.«

Am 10. Juli 1746 wurde durch Propst Herculan Karg von Diessen der Grundstein der Wieskirche gelegt. Bis zum 1. September wurden 40 000 Kommunikanten gezählt, innerhalb von drei Jahren kamen 90 Prozessionen, vom 7. 3. 1744 bis zum 1. 9. 1746 wurden 6090 Messen gelesen.
Wie kann es zu solchen Zahlen kommen, warum erlangt gerade die Wallfahrt zum Gegeißelten Heiland auf der Wies eine solch überörtliche Bedeutung? Muß man sich auf die Antwort Zufall oder Wunder beschränken? Eine wissenschaftliche Erklärung ist sicher nicht möglich. Auf einige Faktoren kann man mit Sicherheit hinweisen, einiges kann man vermuten, manches kann man nur ahnen.

Das 18. Jahrhundert kennt eine ganze Reihe von neuen Verehrungen und Andachten. Die Ausbreitung der Verehrung des Franz Xaver, heiliggesprochen 1622, läßt sich im 17. und 18. Jahrhundert genau studieren. Die Heiligsprechung des Johann Nepomuk erfolgte 1729 und ihre Vorbereitung und die Ausbreitung seiner Verehrung liegt offen vor unseren Augen. Nicht weit von der Wies lebte von 1682–1744 Kreszentia Höß im Franziskanerinnenkloster Kaufbeuren, schon zu Lebzeiten als Visionärin und Förderin der Andacht zum Leiden Christi weithin bekannt. In keinem dieser Fälle läßt sich eine vergleichbare Verehrung mit Wallfahrt und Sekundärwallfahrten wie bei der Wies nachweisen.
Der Unterschied ist zunächst ebenso einfach wie elementar: Die Wieswallfahrer kommen nicht zu einem Heiligen, schon gar nicht zu irgend einem speziellen Nothelfer; sie kommen zu Christus selbst. Damit entfallen viele Probleme der Heiligenverehrung und des Kultus, die dem Theologen des 18. Jahrhunderts Kopfzerbrechen machten. Eine kultische Verehrung des leidenden Heilands ist nur eine besondere Form seiner Verehrung, nicht eine »Neuerung«, vor der Männer wie Amort so zurückschreckten. Die Verehrung des leidenden Heilands, nicht zuletzt die Verehrung seiner »geheimen« Leiden ist der Nährboden vor allem in der Diözese Augsburg, auf dem die Wallfahrt zum Gegeißelten Heiland in der Wies gedeiht. Warum aber diese Verehrung des Leidenden? Es fehlt uns eine Gefühlsgeschichte des 18. Jahrhunderts, zumindest für den katholischen Süden Deutschlands, und sie wird nicht leicht zu schreiben sein. Die modernen Menschen stehen erstaunt vor der Todes- und Schmerzensnähe des Barock, die dem 20. Jahrhundert so fremd ist, fremd durch den Fortschritt und das geschickte Verdrängen der dunklen Seiten des Menschenlebens wenigstens aus der täglichen Umwelt. Tod und Schmerz sind in der Barockzeit allgegenwärtig, aber in den Menschen ist auch die Hoffnung auf Mitleid, Vergebung und Auferstehung. Der Verfasser der GNADENBLUM sieht in der Figur des Wiesheilands diese barocke Einheit in der größten Spannung verwirklicht:

> »das Angesicht scheinet etwas absonderliches an sich zu haben, es zeiget sich ernsthaft zu einem heiligen Schröcken, jedoch auch lieblich zu einem Trostvollen Vertrauen, und schmertzlich zu einem hertzlichen Mitleyden« (GNADENBLUM 1746, S. 35).

Neu-entsprossene
Gnaden-Blum
Auf der
WIS,
Das ist
Kurtzer Unterricht des Ursprungs, und Gnaden-vollen Fortgangs der in Obern-Bayrn, Augspurger Bistums, und einem Löblichen Closter Steingaden Sacri Candidi Canon, ac Exempti Ord. Præmonstratensis einverleibten Wallfahrt auf der WIS genannt.
Allwo der allergütigste GOtt in einer Bildnuß
Deß gegeißleten JESU
Ubergrosse Gnaden und Gutthaten barmhertzigst erweiset.
Zusammen getragen von einem deß Löblichen Closters Steingaden Ordin. Præmonstratensis Canon. Capitulari.
Erster Theil.
CUM LICENTIA SUPERIORUM.

Augspurg, gedruckt bey Antoni Maximilian Heiß, Cathol. Buchdruckern. 1746.

*Titelblatt des ersten Gnadenbüchleins,*
*15,5 × 9 cm (Privatbesitz)*

# Die Gnadenbüchlein

*Der Hochedlgebohrne Herr Ignati Antoni Cajetan von Krauß zu Kraußögg lasset ein eigenhändiges Attestatum ergehen, mit Ersuchen, die erhaltene Gutthat denen Wies-Büchlein einzuverleiben,. . .*

GNADENBLUM 1749, Nr. 769

Aus der besonderen Verehrung eines Heiligen oder einer gnadenreichen Bildnis folgt die besondere Anheimstellung, die vertrauensvolle Zuwendung im Gebet und im »Verloben«, folgt das Aufsuchen des durch Wunderzeichen und Gnaden geheiligten Ortes in bittender oder dankender Wallfahrt. Eine Erhörung der Bitte, eine gewährte Gnade, das göttliche Zeichen, muß verkündet werden: Von dem Wallfahrer her gesehen als eine »Promulgation«, Veröffentlichung des Aktes der Anheimstellung, der Tatsache der Erhörung und Ausdruck des Dankes; von der Kirche her gesehen zum größeren Ruhm des Heiligen und seines Gnadenortes. Die bekannteste und beim heutigen Besucher beliebteste Form solcher Zeichen ist das Votivbild, nicht zuletzt, weil es für den modernen (und seiner Meinung nach aufgeklärten) Betrachter etwas »Herziges«, »Naives« an sich hat, eine Welt zeigt, die man romantisch verklärt sehen kann, besonders wenn die Kenntnisse der abgebildeten historischen Realitäten dem Durchschnitt entsprechen – also fast nicht vorhanden sind.
Die Votivbilder der Wieswallfahrt aus dem 18. Jahrhundert sind mit wenigen Ausnahmen verbrannt worden, was mit ein Grund für die bisherige Vernachlässigung der Geschichte der Wallfahrt durch die Forschung sein mag.
Während Votivbilder mit ihren bildlichen Darstellungen von Leiden, Gnaden und Wundern kaum vor der Wende zum 16. Jahrhundert zu belegen sind, gibt es den schriftlichen Bericht über die Wundertaten der Heiligen und die Mirakel bei ihren Bildern schon viel länger, und auch Sammlungen solcher Berichte sind schon früh angelegt worden, eine über Altötting ist schon 1497 im Druck erschienen. Als wichtige Quelle der Volksfrömmigkeit und der Kulturgeschichte sind diese Mirakelbücher von vielen Wallfahrtsorten im Lauf der letzten Jahrzehnte viel untersucht worden. Auch als eine eigene literarische Gattung mit eigener Topik und einer immanenten Entwicklung hat man die Mirakelbücher sehen wollen. Unbezweifelt sind die großen Unterschiede von Form und Inhalt je nach Entstehungszeit und Gnadenort. Die vier Büchlein über die Wallfahrt zum Gegeißelten Heiland auf der Wies sind noch nie systematisch als Quelle ausgewertet worden.
Die Büchlein wurden auf Veranlassung von Eusebius Amort herausgegeben, dem es darauf ankam, das Ergebnis seiner Untersuchung auf diese Weise allgemein bekannt zu machen. Er fordert, »Die falschen [?] Gericht von dem

Ursprung der Wallfahrt, und von Ungegründten Miraklen . . . ohne Getüml [?] Zu verbessern . . . Solches kan geschehen, wan in einem Büchl der waar Ursprung der Wallfart beschriben, . . . der Unterschid zwischen Miraklen und Gutthaten erklert, . . .« wird. Der Abt beauftragte mit der Abfassung des »Büchl« eben jenen Pater, der zusammen mit dem Frater Lucas Schwaiger die Figur des Wiesheilands gefertigt hatte, nämlich Magnus Straub, ein hervorragendes Mitglied des Konvents. Geboren 1702 in Hall in Tirol, war er seit 1722 in Steingaden, wurde dort Professor für Theologie, war zweimal Superior, Prior, Präfekt der Rosenkranzbruderschaft und Novizenmeister. 1749 schickte Abt Marian ihn als ersten P. Superior in die neuerbaute Wieskirche zu »seinem« Wiesheiland hinauf, wo er bis 1762 blieb. Er starb am 1. September 1775. Sein Wirken fassen wir in seinen Aufzeichnungen im »Hauptbuch«, in den »Facta et Observata« und in Briefen im Zusammenhang mit der Gründung der Bruderschaft zum Gegeißelten Heiland.
Magnus Straub hielt sich genau an die Grundanschauungen Amorts und vermied jede Betonung des Mirakulösen. Aus Vergleichen der gedruckten Texte mit den handschriftlichen »Verkündzetteln« und den Originaleintragungen im Gnadenmanuskript von 1747 läßt sich seine Vorsicht im einzelnen nachweisen.
Das vierte Büchlein von 1779 *Wahrer Ursprung und Fortgang der . . . Wallfahrt des gegeisleten Heilands auf der Wies* enthält die Geschichte der Wallfahrt, jedoch keinerlei Aufzeichnung von Gnaden, gehört deshalb nicht eigentlich in die Gruppe der Mirakelbücher.
Die ersten drei der Büchlein gehören eng zusammen. Das zeigt sich im Titel, im Aufbau, auch in einer inneren Zusammengehörigkeit. Das erste erschien1746, das zweite 1748, das dritte 1751 (das Titelblatt trägt das Datum 1749). Der Titel ist typisch bildhaft; er geht aus von dem Faktum »Wiese« und verbindet damit das Hohelied mit seinem »flos campi«, und weist gleich auf das Thema der Gnaden, nicht der Wunder, hin: *Neu-entsprossene Gnaden-Blum auf der Wis*. Es war naheliegend, die Metaphorik fortzusetzen; der Titel des zweiten Teils beginnt deshalb: *Fernerer und noch weit mehrer sich ausbreitender Geruch der neuentsprossenen Gnadenblum in der Wies,* und im dritten Gnadenbüchlein wird ein *Fortdaurend-Lieblicher Geruch der neuentsprossenen Gnadenblum in der Wies* berichtet.
Jedes Büchlein hat eine Zueignung des Abtes Marian Mayer [an Christo Jesu (1746), an Joseph, den Kirchenpatron (1748), an Maria (1749)], eine Vorrede des Verfassers, in der ein theologisches Problem abgehandelt wird (Über das Wunder, die Hoffnung, die Liebe), gefolgt von einem Bericht über den Fortgang der Wallfahrt. Danach kommen Berichte über die erfahrenen Gnaden, systematisch geordnet unter den Anlässen, für die »Hülf« erlangt wurde, alphabetisch von »Hülf in Apostem« (= Abszess) bis zur »Hülf in Zahn-Schmertzen«, an die sich noch die »unbewußten und innerlichen Anliegen« anschließen.
Ein solcher Aufbau hat wenig Parallelen in den überlieferten Mirakelbüchern, er paßt gut zur aufklärerischen Haltung zum Wunder und zum Nutzen der Wallfahr-

*Titelblatt des zweiten Gnadenbüchleins, 15,5 × 9 cm (Privatbesitz)*

*Titelblatt des dritten Gnadenbüchleins, 15,5 × 9 cm (Privatbesitz)*

Fernerer und noch weit meh-
rer sich ausbreit-nder
Geruch
Der Neu-entsproßnen
Gnaden-Blum
In der WIS,
Das ist:
Fortgesezte Beschreibung der Wall-
fahrt, und von GOtt erhaltenen Gnaden
bey der Gnaden-vollen Bildnuß
Des gegeisleten
JESU
Auf der
So genannten WIS, in Obern-
Bayrn, Augspurger Bischthums, einer dem
löblichen Closter Steingaden Sacri, Candidi, Ca-
nonici ac Exempti Ord. Præmonstratensis
einverleibten Wallfahrt.
Zusammen getragen von einem des Löbl. Clo-
sters Steingaden Canon. Capitulari.
Anderter Theil.
Kauffbeyren gedruckt bey Christian Starck,
Catholischen Buchdrucker / 1748.

Fortdaurend-Lieblicher
Geruch
Der Neu-entsprossenen
Gnaden-Blum
In der WIS.
Das ist:
Fernere Fortsetzung, und Beschreibung
der weit berühmten Wallfahrt; dann erhalte-
nen hohen Gnaden und Gutthaten bey der Gna-
den-reichen Bildnuß
Des Gegeisleten
JESU
Auf der
Sogenannten WIS, in Obern-Bayrn,
Augspurger Bistums, einer dem Löbl. Closter
Steingaden Sacri, Candidi-Canonici, ac
Exempti Ord. Præmonstratensis
einverleibten Wallfahrt.
Zusammen getragen von einem des Löbl. Clo-
sters Steingaden Canon. Capitulari.
Dritter Theil.
Kauffbeyren, gedruckt bey Johann Baptista
Neth Catholischen Buchdrucker. 1751.

ten: »damit auf solche Weiß die in gewisen Angelegenheiten Hülff-suchende Menschen gleiche schon geschehene Gnaden und Gutthaten desto leichter finden, und dardurch das Vertrauen in gleichen Umständen vermehren und stärcken können« (GNADENBLUM 1746, S. 19). Die drei Büchlein enthalten insgesamt 1916 Nummern (1746: 364; 1748: 405; 1749:1147), doch darf diese Zahl aus mehreren Gründen nicht mit der Zahl von Wallfahrern identifiziert werden, die Guttaten empfingen: »dise bishero beschribene Gnaden und Gutthaten seynd zwar die mehrere aus denen angegebenen und bekandten, jedoch keinesweegs alle« sagt die GNADENBLUM 1749 (S.385).

In Fällen, in denen Wallfahrer mehr als eine Guttat anzeigen, sind diese aufgeteilt und unter ihrem systematischen Ort angeführt, wobei die Gnadenbüchlein in der Regel auf diese Tatsache verweisen. Umgekehrt werden manchmal die Aussagen von zwei Wallfahrern oder zusammengehörige Gnaden in einer Nummer zusammengefaßt. Außerdem, so betont der Verfasser der GNADENBLUM 1747, sind »sehr vil erlangte Gutthaten alleinig durch aufgehenckte Verlobnis Zeichen« (d. h. Votivtafeln und schriftliche Ex-voto-Zeugnisse) angedeutet worden. Schließlich sind einige Zeugnisse wegen ihrer »Weitläuffigkeit« nicht

aufgenommen worden (S. 385f.). Diese Aussage kann am Text überprüft werden. Die meisten Nummern sind knappe Berichte mit Namen, Herkunft und Anlaß der Wallfahrt oder des Verlöbnisses. Danach kommt die Mitteilung, daß und wie geholfen wurde, und abschließend folgt in der Regel das Datum. In den einzelnen »Hülffen« erfolgt die Anordnung streng chronologisch.
Das erhaltene Gnadenmanuskript aus dem Jahr 1747 läßt das deutlich erkennen. Meist ist nur die linke Spalte einer Seite beschrieben; rechts steht die Zählung und die Kategorie, zu der die Fälle zuzuordnen sind. Ein Vergleich mit dem gedruckten Text zeigt, daß Magnus Straub nur einen Teil der Fälle in das 3. Büchlein übernommen hat. Begonnen hatte man mit der systematischen Aufzeichnung der Erhörungen anläßlich der Untersuchung im Jahre 1745, als ein erster Bericht mit Guttaten an den Bischof von Augsburg gesandt wurde. In der Regel wurden die Gnaden nach dem mündlichen Bericht des Wallfahrers aufgezeichnet. Der Verfasser hat dafür eine Reihe von Formeln: Maria Traubingerin hat vor ihrer Rückreise »dise Gutthat in Anwesenheit dessen, so mit ihr an hero kommen danckbarlich angesagt« (1749, Nr. 35); »Conrad Peter Scherdl . . . gibt aufzuzeichnen . . .« (1749, Nr. 31); »wird angegeben den 6. April 1747« (1749, Nr. 30); »haben die Elteren deß erwehnten Kind bey hießiger Gnaden-Capell ihre Andacht abgelegt, und verzeichnen lassen« (1749, Nr. 126). Das Aufschreiben nach mündlicher »Ansage« geht auch aus der Schreibung zahlreicher Ortsangaben hervor, die sowohl auf die Sprache der Wallfahrer zurückgehen können wie den bairisch-alemannischen Mischdialekt im Gebiet von Steingaden: Beiting steht für Peiting und ähnlich heißt es Busterthal oder Döltz und Dirsee, Kopfstainer Gerichts (= Thiersee bei Kufstein). Eigentlich schwäbische Merkmale sind nicht häufig: vielleicht sind die Schreibungen Bischthum Augsburg (1749, Nr. 398) und Märingen bei Augsburg (1749, Nr. 413) charakteristisch.

*Abb. S. 78*

Neben den mündlichen Berichten haben eine ganze Reihe von schriftlichen Aufnahme in die Gnadenbüchlein gefunden. Sie stammen zum Teil von dem Votanten selbst und werden vom Verfasser der GNADENBLUM referiert: »Eben eine solche Gnad in Unbrauchbahrkeit beyder Armben auf gemachtes Gelübd empfangen zu haben, hat schriftlich eingegeben, Maria Schusterin von Oberhausen 1748« (1749, Nr.25). »Mittels schriftlicher Urkund . . . wird Danck gesagt . . .« (1749, Nr. 27). Schriftliche »Bekenntnisse« sollen »verkündet« werden: »weilen sie ausser Stand persönlich an hero zu reisen, wenigist einen offentlichen Verkünd-Zettel zu überschicken« (1748, Nr. 216). Eine solche Verkündigung erfolgt meist bei den jährlichen Hauptfesten. 1783 verbietet der Bischof von Augsburg das Verkünden solcher Wunder-oder Guttaten. Eine zweite Gruppe der schriftlichen Zeugnisse sind die in der Gnadenkapelle hinterlassenen Berichte – wie ja auch noch heute solche Verkündigungen im Umgang der Wieskirche hinterlassen werden: »Laut einer in der Capellen auf der Wiß eygenhändig aufgehenckten schrifftlichen Zeugnuß . . .« (1746, Nr. 314). »Vermög einer in der Gnaden-Capellen aufgehenckten schrifftlichen Bekantnus verlobte sich Maria Gernerin von Augspurg . . .« (1748, Nr. 402). Insgesamt sind

*Abb. S. 127*

*Abb. S. 80, 82* noch ungefähr 50 solcher »Verkündzettel« – zwei noch mit der Schnur zum Anhängen – und Dankbriefe überliefert.

Die dritte Gruppe bilden die Attestate, von Ärzten oder Pfarrern bestätigte Berichte über empfangene Gnaden. In der Mehrzahl der Fälle stammen sie von höher gestellten Personen, besonders wenn diese selbst nicht zur Wies kommen können: »Die Hochwohlgebohrne Reichs-Frey-Frau von Vieröck . . . machet kund, nach Inhalt eines von Herrn Barthlme Nagel Examinirt und Approbierten Chyrurgo zu alten Frauenhofen verfertigt und überschickten Attestati, daß hochgedacht selbe einige Jahr mit dem schmertzlichen Krebs behafftet . . .« (1748, Nr. 249).

Eine Stilanalyse der Einträge kann zeigen, daß die Hand des Verfassers mit den ihm vorliegenden Aufzeichnungen vorsichtig umgegangen ist. Das gilt in mehrfacher Hinsicht. Die Vermerke »Ist eingeschrieben« »notatum« auf den überlieferten Verkündzetteln oder ein Ablagevermerk auf der Rückseite eines Briefes sprechen für die sorgfältige Buchführung. Daß nicht jeder Bericht akzeptiert wurde, ist ebenfalls an Vermerken ablesbar wie »in ermanglung des Namens ist nit eingeschriben worden« oder »wird nit eingeschriben wegen ungewißheit des ausgangs diser Sach«. Im Gnadenmanuskript ist eine ausführliche »Interrogatio« über eine empfangene Guttat überliefert, die zeigt, daß die Steingadener Mönche nicht naiv jeden Bericht akzeptierten. Ein Bericht vom 10. September 1749, vom Pfarrherrn geschrieben und gesiegelt, erhält gar keinen Vermerk, weil er keinen Gnadenbericht, sondern eine dubiose Mirakelgeschichte enthielt: »Das von der Vorweiserin dises . . . vor der bildnus des sogenannten Unseren Lieben Herrn in der Wiß nach verrichten gebett in beysein anderer Persohnen ein höllischer geist ausgefahren seyn, . . .« Dies war genau der Typ von Erhörung, den Eusebius Amort nicht berichtet wissen wollte, nicht zuletzt wohl, weil in den Anfängen der Wallfahrt mehrfach von Teufelsaustreibungen die Rede gewesen war: »Ibi aiunt concurrere magnum Energumenorum numerum« (»Dort, so sagt man, laufe eine große Zahl von Besessenen zusammen«). Amort erwähnt auch eine entsprechende Votivtafel, berichtet dies freilich am 2. Juni 1744 nur als »ioco-serium« (»halbernst«), denn noch war er nicht selbst in der Wies gewesen. In einigen Fällen läßt der Vergleich von geschriebenem und gedrucktem Bericht Rückschlüsse auf die Technik und Auffassung von P. Magnus Straub beim Zusammenstellen der GNADENBLUM zu. Die Berichte, die von Abt Marian 1745 an den Kurfürsten übersandt wurden, als er die Baugenehmigung für die Wieskirche beantragte, sind sehr stark dialektgefärbt: »Ao 1742 bekham Catharina Spindlerin . . . einen ganz lamen armb, also daß sie disen armb nit kunte aufheben, oder mit selbem zum Maul fahren.« Daraus wird die gedruckte Fassung (GNADENBLUM 1746, Nr. 4): »Im Jahr 1742 bekame Catharina Spindlerin . . . einen gantz lahmen Armb, also daß sie disen nit konte aufheben, vil weniger mit solchem eine Arbeit verrichten.« Gestrichen wird natürlich ein Vermerk, daß »dise gnad für ein Miracl gehalten«, oder die Bemerkung, daß eine Krankheit »vermitls böser Leuthen zuegebracht worden«.

Die Schwierigkeit, eine oft lange Reihe von »Hülffen« bei dem gleichen Anliegen zu berichten, wird durch zwei Techniken gemildert: die aufeinanderfolgenden Nummern werden unterschiedlich eingeleitet, damit die Normalfolge »N. N. hat . . .« unterbrochen wird: »In eben dergleichem Zustand . . . verlobet . . .« (1749, Nr. 625); »Mit gleicher Gnad ist auch der Gefahr entgangen Johann Obermayrs Eheweib . . .« (1749, Nr. 639), u. s. w. Die zweite Technik ist eine echte Variatio, indem für den Wiesheiland eine Vielzahl von spezifizierenden Beiworten gefunden werden. Im Büchlein von 1749 heißt es deshalb (Nr. 307–313): »bey dem Schmertz-vollen Heyland in der Wis . . .«, »durch den Göttlichen Helfer in der Wis . . .«, »von dem gütigen Heyland erhöret«, »bey dem Gnaden-reichen Erlöser in der Wis«, »des schmertzvollen Jesu«, »den gegeislęten Heyland«.

Die Sprache der Attestate und der Berichte der »besseren« Wallfahrer ist feiner, so daß auch hier wieder die Originalberichte durchscheinen, sei es die barocke Rhetorik, die aus dem Eheweib der mündlichen Berichte eine Ehe-Consortin werden läßt (1749, Nr. 1001), sei es, daß ein einziges Adjektiv die differenzierteren Möglichkeiten des Gebildeten erkennen läßt, Gefühle zum Ausdruck zu bringen: »daß sein *liebes* Töchterlein . . .« (1749, Nr. 614). Schriftliche Berichte sind ausführlicher, so daß sie zum Teil – wie oben erwähnt – ganz weggelassen wurden.

Im allgemeinen ist die Sprache nüchtern, auf die Sache bezogen. Ein Ausdruck wie »sie aber hat zu dem gütigsten Erlöser in der Wis um Hülff geschryen« (1749, Nr. 889), fällt bereits auf. Was dem modernen Leser als bildhafte Sprache erscheinen mag – »da sie vermeynte lebendige Würm in den Schläfen zu haben« – ist eher als volksmedizinische Auffassung der Ursache des Kopfwehs zu interpretieren. So manches kulturgeschichtliche Detail, das wir gerne ausgeführt sähen, wird wegen seiner Selbstverständlichkeit nur zufällig erwähnt; gerade das macht es so schwer, den Gefühlswert der Berichte zu erfassen: die Witwe des Stadtschreibers von Lauingen besitzt nur eine Kuh und diese wird krank (1749, Nr. 1101); eine Frau weint Freudentränen, als sie die empfangene Gnade angibt – einer der ganz seltenen nicht-literarischen Belege für eine solche Gemütsbewegung bei »einfachen« Leuten (1749, Nr. 846). Ein Hafner zu Masting wurde »die meiste Zeit von seiner Brod-verschaffenden Arbeit verhindert« (1749, Nr. 779) – ein halber Satz, dessen Bedeutung den Bewohnern eines Landes der Sozialversicherung und des Überflusses an Lebensmitteln aller Art, eines Landes in dem das »Stückel Brot« nicht mehr sehr geschätzt wird, nur schwer klargemacht werden kann.

*Andachtsbrief,*
*18. Jahrhundert*
*(Privatbesitz, Kat. 526)*

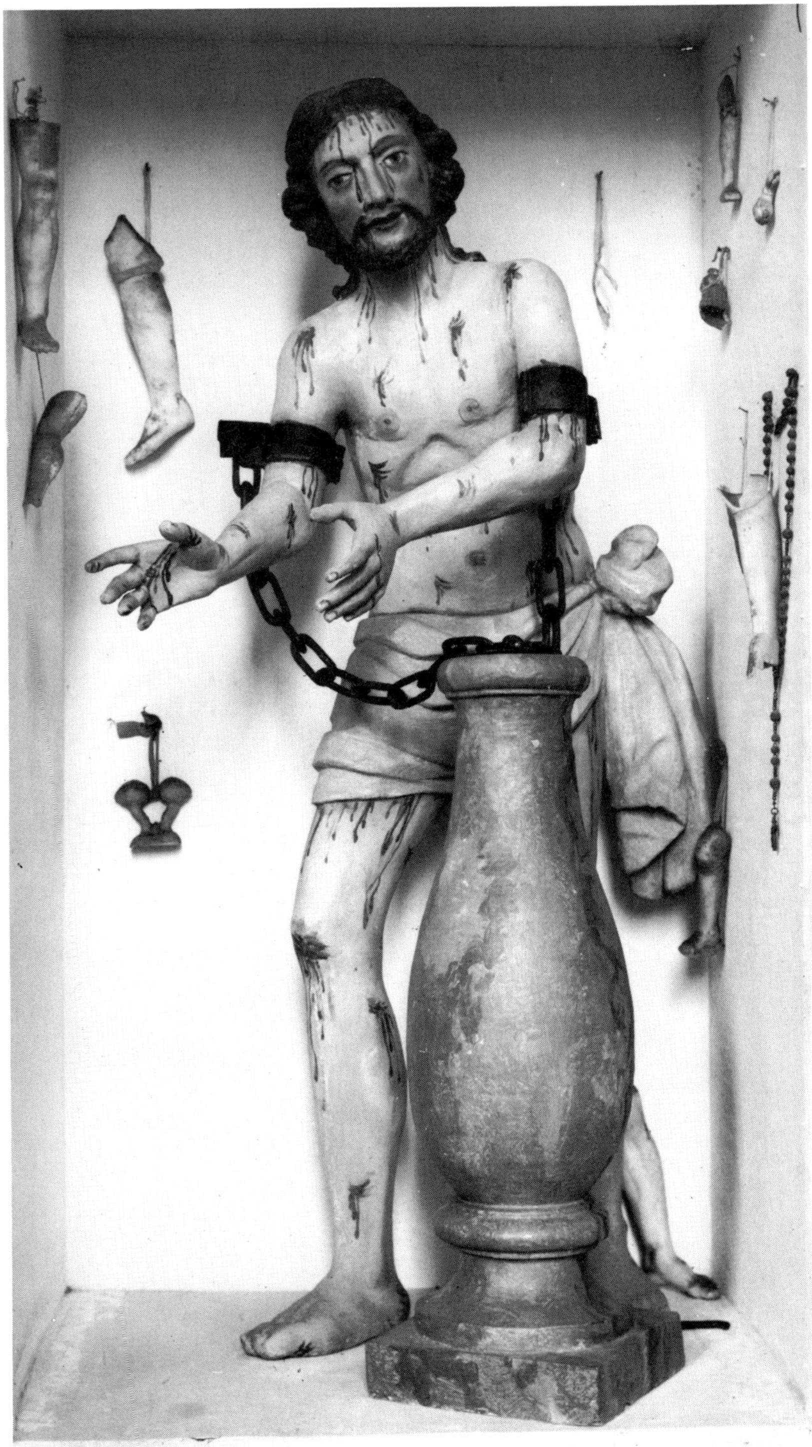

*Wieschristus in Nische mit Glastür, 18. Jahrhundert, Größe der Figur 110 cm (Wallfahrtskirche Maria Schnee, Markt Rettenbach, Schwaben; Kat. 1923)*

# Die Gnaden

*Ursula Millerin von Ruedweill am Bodensee . . . setzte ihr Hoffnung auf den Göttlichen Wund-Artzten in der Wis . . .*

Gnadenblum 1749, Nr. 379

Kulturen und Epochen unterscheiden sich nicht nur nach Wirtschaftsformen und Gesellschaftsstruktur, in Kult und Kunst, sondern auch nach ihrem Verhältnis zum Leid und nach ihren besonderen Leiden. Die üblichen Quellen des Historikers lassen uns freilich meist im Stich, wenn es um die Beantwortung solcher Fragen geht, und auch das Interesse an den Krankheiten vergangener Zeiten ist außerhalb der Geschichte der Medizin nicht besonders ausgeprägt. Die Mirakelbücher stellen neben den Votivbildern eine wichtige Quelle auf diesem Gebiet dar, denn sie spiegeln mit beträchtlicher Treue die Realität und – was ebenso wichtig ist – direkt und indirekt die Einstellung der Menschen zu der Realität ihrer Zeit, wobei natürlich nicht übersehen werden darf, daß die Leiden einer Zeit nur die eine Seite sind, und ihre Freuden aus anderen Quellen erschlossen werden müssen. Gegenüber den Votivbildern – die bei der Wieswallfahrt für die ältere Zeit ja fehlen – haben die Sammlungen der Gnaden und Guttaten den Vorteil der großen Zahl; außerdem enthalten sie manches, was im Bild nur schwer darzustellen ist, und sie sind deutlicher in ihrer Aussage, obwohl mancher Text aus sprachlichen oder sachlichen Gründen nicht voll verständlich ist.
Die Gnadenbüchlein der Wies sortieren die Anliegen unter insgesamt 62 Rubriken. Dabei stehen Krankheiten und Gebrechen zwar im Vordergrund, doch sind die Büchlein nicht auf sie beschränkt. Sie spiegeln in erster Linie eine Bauernkultur, obwohl von Bauernleben im einzelnen gar nicht viel berichtet wird und die Berufsbezeichnung Bauer fehlt. Sie kann fehlen, weil man davon ausging, daß jeder, der keinen bestimmten Beruf angab, eben ein Bauer war. Gelegentlich erfährt man aber etwas von den Unfällen in der Landwirtschaft, wenn eine Frau beim Feldbau »da die Ochsen wild worden, von solchen auf eine spitzige Eggen geworffen« wurde (1749, Nr. 1036), oder daß sich die Männer mit der Axt verletzen (z. B. 1749, Nr. 1053). Die Bedeutung des Spinnens geht aus den zahlreichen Unfällen mit Spindeln, insbesondere mit abgebrochenen, hervor.
Überblickt man zunächst das ganze Material unter allgemeinen Gesichtspunkten, so fällt – ähnlich wie in anderen Mirakelbüchern – die geringe Kenntnis von Krankheiten und der noch recht primitive Entwicklungsstand einer überwiegend vorwissenschaftlichen Medizin auf. Die Ärzte sind nicht in erster Linie wissenschaftlich ausgebildet; sie werden in den Gnadenbüchlein bezeichnenderweise immer wieder die »Kunsterfahrenen« genannt. Wenn aber der Kreis der häufigen

Krankheiten überschritten wurde, war es mit der Erfahrung bald zu Ende. Dafür spricht die hohe Zahl von 157 Eintragungen in der Rubrik »Hülff in unterschiedlich gefährlichen, verzweifelten, unbenamsten, unbekanten Krankheiten«. Ein »Herumdoktern« hatte dann zweifelhaften Erfolg: »Ursula Dürin von Merching hatte Zeit ihrer Schwangerschaft einen so unbekannten Zustand, daß weder Baader noch Leibartzten erkennen könnten, ob sie schwanger oder sonst möchte kranck seyn. In mehrerer Muthmassung einer Krankheit wurden ihr zehen bis zwölffmahl purgierende Artzneyen eingegeben, so aber alle bey ihr gebliben, und sie wie ein Vaß aufgeschwollen . . .« (1748, Nr. 175).

Mehrfach wird darauf hingewiesen, daß die angewendeten Arzneien das Leiden nur verschlimmerten. Das Fehlen schmerzstillender Mittel wird bei Kopf- und Zahnschmerzen besonders empfunden: »Johann Stephan Alt leydete an so schmertzlichem Kopffwehe, daß er vermeynte, er müsse verwütten . . .« (1749, Nr. 706); Maria Catharina Beyrlin . . . leydete 8 Wochen so empfindliche Zahn-Schmertzen, daß sie vermeynte von Sinnen zu kommen, . . .« (1749, Nr. 1126).

Besonders schlimm ist angesichts der zweifelhaften Kunst der Bader die Aussicht auf eine Amputation: »Elisabeth Madlin von Ochsenbrun bekame einen so gefährlichen Schaden an einen Fuß, daß der Brand darzugeschlagen, und der Fuß würcklich solte abgenommen werden, zu welchem da sie sich nit entschliessen konnte, bittet sie den gegeisleten Jesu inständigist, daß doch diser gefährliche Schnitt vermüthen blibe, . . .« (1749, Nr. 457).

Erwähnenswert ist, daß in einer Reihe von Fällen Ärzte Attestate für die Wiesbüchlein ausstellen, ihren Patienten zur Wies begleiten (1748, Nr. 348) oder sich selbst zum gegeißelten Heiland verloben (1749, Nr. 956); sogar der Professor Medicinae Primarius der Universität Ingolstadt verlobt »nach vil vergebens angewendeten Mittlen« sein dreijähriges Söhnlein Hermann (1749, Nr. 357).

Die Anrufung des Wiesheilands erfolgt meist, wenn die natürlichen Mittel versagt haben, doch sind einige Fälle bemerkenswert, in denen arme Leute kein Geld für die teuren Arzneien oder die nötige Diät haben, oder sich die Operation nicht leisten können, weil der Bader »zu vil Geld über ihr Vermögen forderte.«

Von den zahlreichen Anlässen der Anrufung und Verlobung heben sich einige durch ihre Häufigkeit von den übrigen deutlich ab. Die sieben häufigsten Anliegen machen so allein fast die Hälfte aller Nummern aus. Die Gruppe der »unbenamsten« Krankheiten wurde schon genannt. Die häufigsten Fälle sind freilich jene, in denen um »Hülff in den Füssen« gebeten wurde (190 Belege), was nicht zuletzt ein Reflex einer autolosen Kultur ist. Zu diesem Anliegen könnte man noch die verschiedenen Gebrechen der einzelnen Glieder addieren, die sich auf insgesamt 143 Fälle belaufen. An zweiter Stelle einer Häufigkeitstabelle liegen die »verschiedenen Fieber«, zum Teil ansteckender Art, und dann folgen schon Anliegen, welche die Augen betreffen, ein Zeichen sowohl für die späte Entwicklung der Augenheilkunde wie für fehlende gute Quellen künstlichen Lichtes. Über hundert Belege sind bei der Hilfe für das Vieh zu verzeichnen und bei Kindsnöten, eine Not, die dem 20. Jahrhundert nicht mehr vertraut ist, dank

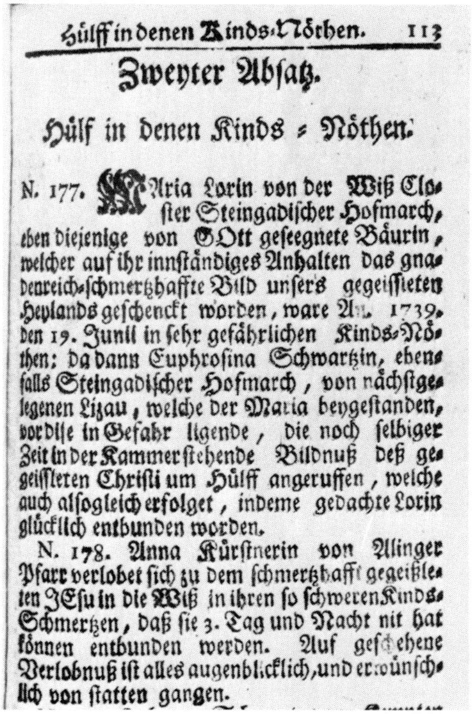
Hülff in denen Kinds-Nöthen. 113

Zweyter Absatz.

Hülf in denen Kinds-Nöthen.

N. 177. MAria Lorin von der Wiß Closter Steingadischer Hofmarch, eben diejenige von GOtt geseegnete Bäurin, welcher auf ihr innständiges Anhalten das gnadenreich-schmertzhaffte Bild unsers gegeissleten Heylands geschenckt worden, ware An. 1739. den 19. Junii in sehr gefährlichen Kinds-Nöthen: da dann Euphrosina Schwartzin, ebenfalls Steingadischer Hofmarch, von nächstgelegenen Lizau, welche der Maria beygestanden, vor dise in Gefahr ligende, die noch selbiger Zeit in der Kammer stehende Bildnuß deß gegeissleten Christi um Hülff angeruffen, welche auch alsogleich erfolget, indeme gedachte Lorin glücklich entbunden worden.

N. 178. Anna Kürstnerin von Allinger Pfarr verlobet sich zu dem schmertzhafft gegeißleten JEsu in die Wiß in ihren so schweren Kinds-Schmertzen, daß sie 3. Tag und Nacht nit hat können entbunden werden. Auf geschehene Verlobnuß ist alles augenblicklich, und erwünschlich von statten gangen.

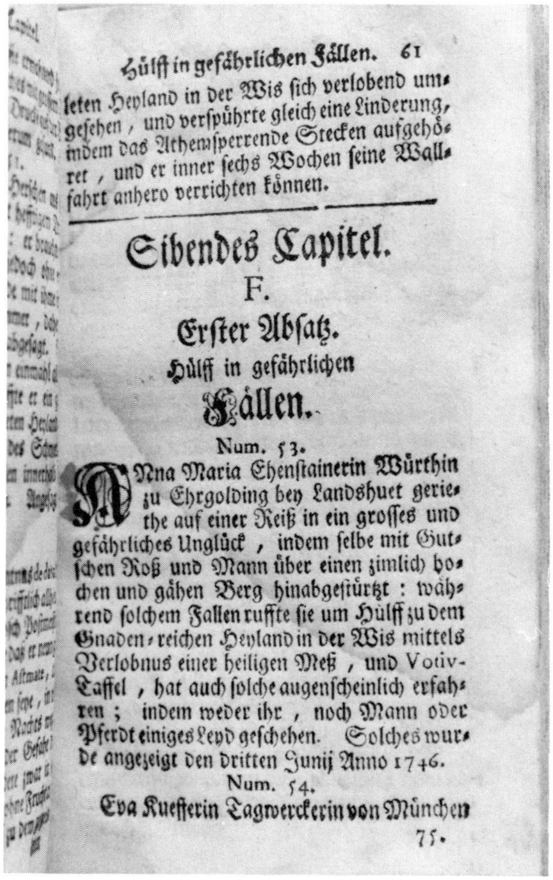
Hülff in gefährlichen Fällen. 61

leten Heyland in der Wis sich verlobend umgesehen, und verspührte gleich eine Linderung, indem das Athemsperrende Stecken aufgehöret, und er inner sechs Wochen seine Wallfahrt anhero verrichten können.

Sibendes Capitel.

F.

Erster Absatz.

Hülff in gefährlichen Fällen.

Num. 53.

ANna Maria Ehenstainerin Würthin zu Ehrgolding bey Landshuet geriethe auf einer Reiß in ein grosses und gefährliches Unglück, indem selbe mit Gutschen Roß und Mann über einen zimlich hochen und gähen Berg hinabgestürtzt: während solchem Fallen ruffte sie um Hülff zu dem Gnaden-reichen Heyland in der Wis mittels Verlobnus einer heiligen Meß, und Votiv-Taffel, hat auch solche augenscheinlich erfahren; indem weder ihr, noch Mann oder Pferdt einiges Leyd geschehen. Solches wurde angezeigt den dritten Junij Anno 1746.

Num. 54.

Eva Kuefferin Tagwerckerin von München

75.

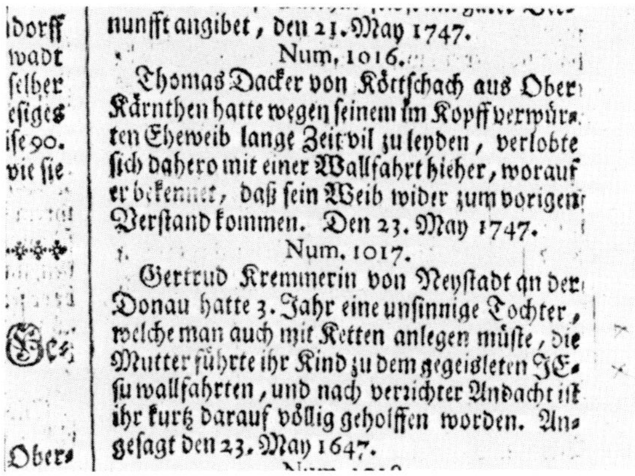
nunfft angibet, den 21. May 1747.

Num. 1016.

Thomas Dacker von Köttschach aus Ober-Kärnthen hatte wegen seinem im Kopff verwürrten Eheweib lange Zeit vil zu leyden, verlobte sich dahero mit einer Wallfahrt hieher, worauf er bekennet, daß sein Weib wider zum vorigen Verstand kommen. Den 23. May 1747.

Num. 1017.

Gertrud Kremmerin von Neystadt an der Donau hatte 3. Jahr eine unsinnige Tochter, welche man auch mit Ketten anlegen müste, die Mutter führte ihr Kind zu dem gegeisleten JEsu wallfahrten, und nach verrichter Andacht ist ihr kurtz darauf völlig geholffen worden. Angesagt den 23. May 1647.

*oben links: Erstes Büchlein 1746*
*oben rechts: Zweites Büchlein 1748*
*unten rechts: Drittes Büchlein 1749*

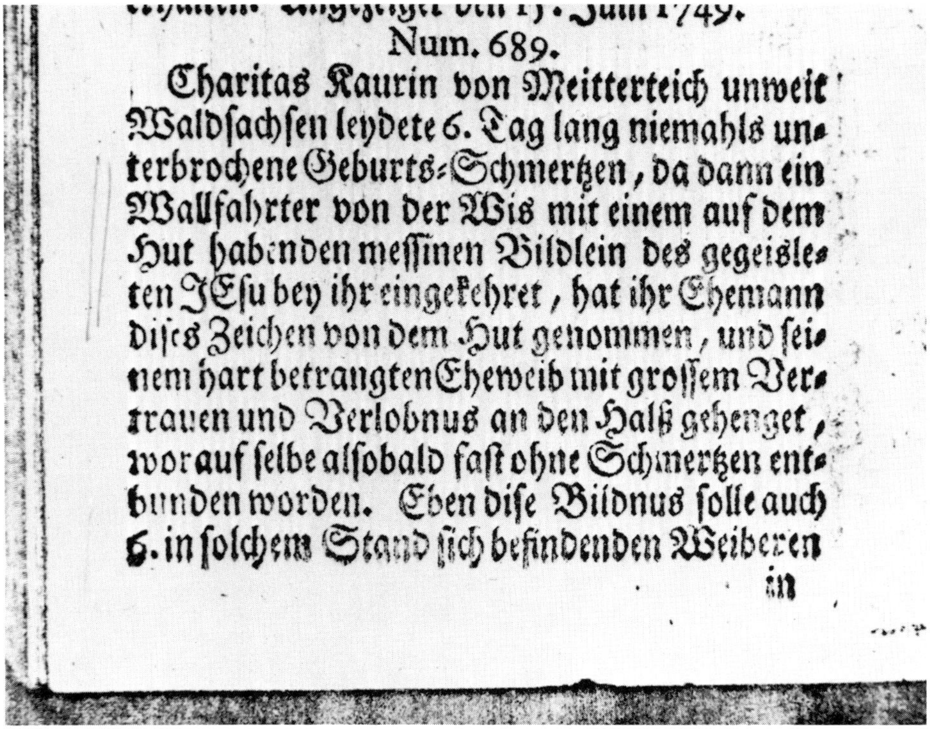
erhalten. Angezeiget den 17. Junii 1749.

Num. 689.

Charitas Kaurin von Meitterteich unweit Waldsachsen leydete 6. Tag lang niemahls unterbrochene Geburts-Schmertzen, da dann ein Wallfahrter von der Wis mit einem auf dem Hut habenden messinen Bildlein des gegeislten JEsu bey ihr eingekehret, hat ihr Ehemann dises Zeichen von dem Hut genommen, und seinem hart betrangten Eheweib mit grossem Vertrauen und Verlobnus an den Halß gehenget, worauf selbe alsobald fast ohne Schmertzen entbunden worden. Eben dise Bildnus solle auch 6. in solchem Stand sich befindenden Weiberen

in

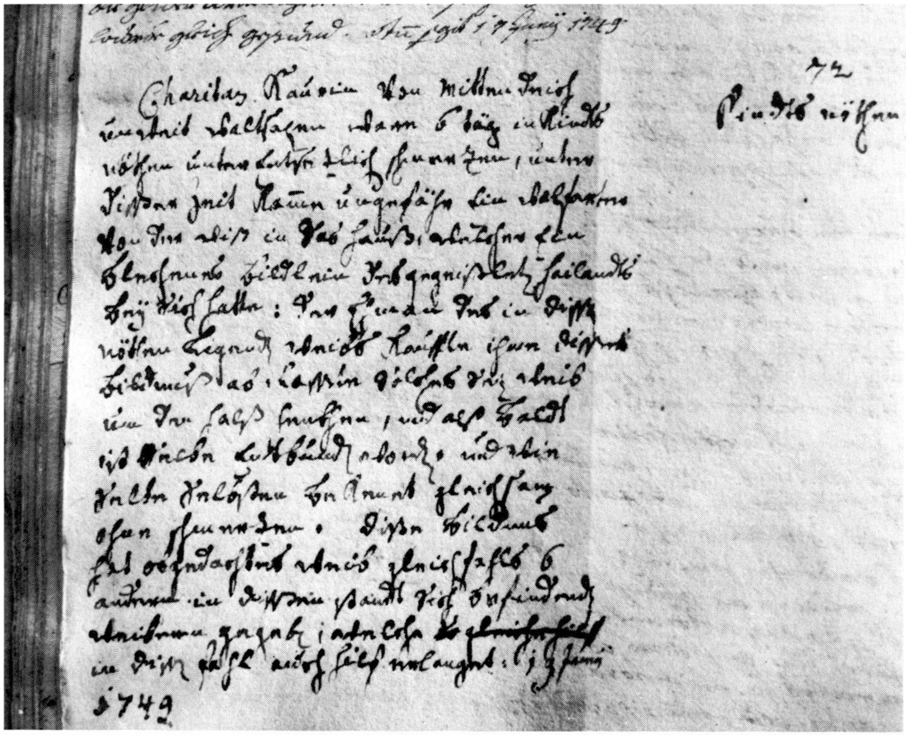


*»Kindsnöte«. Eintragung im Gnadenmanuskript des 18. Jahrhunderts und gedruckte Fassung im 3. Gnadenbüchlein*

der Leistungen der Medizin einerseits, andererseits aber, weil Geburt und gar ihre eventuelle Komplikation aus dem Privathaushalt in das Krankenhaus verlegt und damit – wie so viele anderen unangenehmen Erscheinungen des Lebens – unseren Blicken entzogen wurden. Daß damit auch ein Bewußtseinsschwund einhergeht, ist eine unvermeidliche oder – je nach Sicht der Dinge – erfreuliche Tatsache: weniger Ekel, Grausamkeit und Elend ist dadurch freilich nicht in der Welt.

Von den übrigen Anliegen sind wegen ihrer Häufigkeit noch die folgenden erwähnenswert: Leibschaden (= Brüche, 98 Belege), gefährliche »Fälle« (44), und Verwirrung des Gemüts (32), sowie große, innere Anliegen (30).

Geisteskrankheiten sind zu allen Zeiten für die Mitmenschen erregend gewesen, die Einstellung zu den so Leidenden freilich sehr unterschiedlich. Im 18. Jahr-
*Abb. S. 77* hundert mußte die Familie mit den Geisteskranken leben und nahm immer wieder Zuflucht zum äußersten Mittel der Ankettung:

»Balthasar Glöschl auf dem Berg von Oberdorffer Pfarr ware 3 Monath vom Verstand kommen, daß er müßte an Händ und Füssen angeschmidet werden, . . .« (1749, Nr. 1014).

»Johanna Böckin von Unter-Alten bey St. Graffen-Rath, ware 8 Tag völlig vom Verstand, daß sie auch müste angelegt werden. In disem Elend wird sie von ihrer Mutter hieher verlobet, und gleich darauf ware das erste vernunfftige Wort, daß sie zu dem gegeislеten Jesu in der Wis wallfahrten wollte, . . .« (1749, Nr. 1023).

In einem besonders krassen Fall, »daß sie alles, was ihr unter die Hand kame, entweder zerrissen, oder verworfen«, wird eine Wallfahrt in Begleitung eines Geistlichen »vorgenommen«, von Villach in Kärnten bis zur Wies: »alleinig wurde sie damahlen nit erhöret« und kehrte nach sechstägiger Andacht nach Hause zurück. Am Jahrtag des Besuchs aber lichtete sich ihr Gemüt . . . (1749, Nr. 1034).

Die Hilfe in den »unbewußten« und »innerlichen Seelenanliegen« behandelt der Verfasser der GNADENBLUM nicht an ihrem alphabetischen Ort, sondern am Schluß, »in dem die geistliche gegen den leiblichen Gnaden höher zu schätzen« (1746, S. 187), aber auch weil »die Befreyung hefftiger Anfechtungen, oder Bekehrung eines Sünders nicht leichtlich offenbahr, auch oftermahls wegen dem heiligsten Stillschweigen deß Heil. Sacraments der Buß nicht können offenbahrt werden . . .« (ebd.). Diese Anliegen werden deshalb mehrfach ohne Nennung des Namens »verlobt« oder für sie ein Dank »aufgehenckt«: Nach Meinung des Verfassers »solten auch dergleichen Menschen auf keine Weiß angehalten werden, derley innerlich geistliche erlangte Gutthaten insonderheit zu entdecken« (*Gnadenblum* 1746, S. 188). Das psychologische Gespür des Wallfahrtspriesters, wie es sich in einer solchen Äußerung zeigt, widerlegt mehr als einen Angriff auf den angeblichen Pfaffenbetrug der Gnadenstätten; es macht zugleich deutlich, daß wir es nicht – wie so mancher liebend gern möchte – mit »naiven« Menschen zu tun haben.

Zwei handschriftliche Zeugnisse mögen den Ernst des Verlobens zusammenfassend illustrieren:

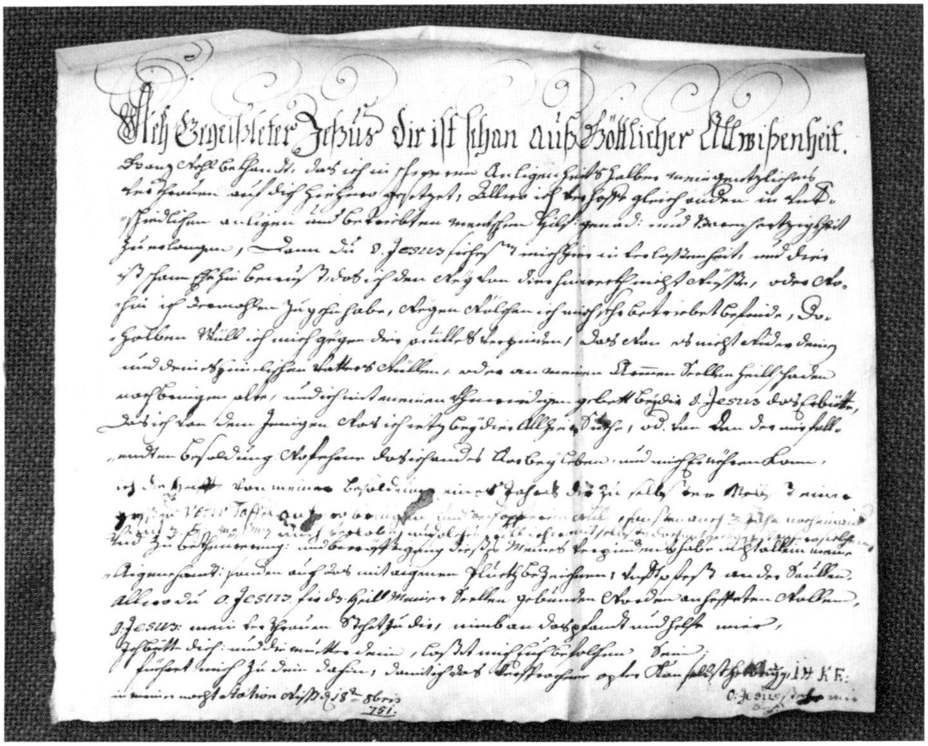

*Verkündzettel von 1751 (Wallfahrtskuratie Wies)*

»Ach gegeißleter Jesus dir ist schon auß Göttlicher Allwißenheit, ganz wohl bekhannt, das ich in schweren Anliegenheitshalber mein gentzliches Verthrauen auf dich hiehero gesetzet, allwo ich verhoffe gleich andern in unterschiedlichen Anligen und betriebten mentschen Hilf: genad: und Barmhertzigkheit zu erlangen, dann du O Jesus siehest mich hier in Verlaßenheit, und dier ist schon Ehe hin bewußt, das ich den Weg von dier hinerth nicht wüßte, oder wohin ich dermahlen zu gehen habe, wegen welchen ich mich sehr betriebet befinde, derohalben wüll ich mich gegen dir so vill als [?] verpinden, das wan es nicht wider deinen und deines himmlischen Vatters wüllen, oder an meinem Armen Seelen Heill Schaden nach bringen solte und ich mit meinem uhnwirdigen Gebett bey dir, O Jesus das Erbütte, das ich von dem Jenigen was ich jetz bey dir Allhier Suche, od. von dem der mir fallendten Besoldung: wofehrn das ich anders darbey leben und mich ernähren kann,
ich die Helfte von meiner Besoldung eines Jahres dir zu selbsten nebst einer großen Votiv Taffel anhero bringen und aufopfern will, sonsten auch 3 jahr nacheinander mit 3 hl. Messen mich verloben und solches will ich wo nit selbsten doch mit Gelegenheit anhero schickhen.

Und zu Betheuerung und Bevöstigung dießes meines Vergindnus habe nicht allein meine Aigene Handt: sondern auch das mit aignen Plueth bezeichnen, undt so fest an der Saullen, allwo du o Jesus, fir das Heill meiner Seellen gebunden worden anheftteten wollen;
O Jesus: mein Verthrauen stehtt zu dir, nimb an das pfandt und helfe mir,
Ich bitte dich und die mutter dein, laßet mich Euch befolchen Sein:
führet mich zu dem dahin, damit ich das versprochene opfer kan selbst her bring,:
I.H.K.F.
O Jesus, steh mir bey!
in meiner nacht [?] station Wiß den 18ten 8bris 1751.«

*Abb. S. 82* »Johann georg Hueber gebirdig von Wienn auss NO: wohnhaft in ober Cärnten Sambt seinen Eheweib Elizaweta gibt zu verzeichnen, wie daß sie in Einem solchen armseligen Stand geweßen Seind dieweil Er um die Rechte Hand in der schlacht von Biacenza komm und nichts arbeiten können. Hat derohalben Sein Brod mit betlen Suchen mießen weilen ime aber Solcheß so schwer gefahlen ist daß ich lieber vor hunger wolte gestorben Sein und ich kein freund oder feind gefunden hab der mir geholfen hete zu mein stikl Brod hab derohalben meine Einzige Hilf gesucht mit meinem weib bey dem so großen und wunderdetigen mirakloßen gegeißleten Jesus auf der Wiß in dem mein großes Verlangen geweßen ist wan ich auß meinem armseligen stand solte miter gnad gotes komen und Es zu meiner Selen Heill und zu gotes Ehr Seyn solte daß ich mit dergleichen geistlichen sachen von der Wiß mein Bißl Brod zu Suchen auch die gnaden und gutdaten in der welt auszubreiten und kund zu machen. Hab derohalben Ein Walfart sambt einer H.meß Hir Her Verlobt und solche das Erste mahl den 28. Herbstmonat 1748 das andere mahl aber auch deßgleich ein H.meß samt Einer H. beicht und comunion den 1. abril 1749 zum 3 t. mal den 23. Junij gleich fahls also kan ich mit meinem weib got bezeigen wie daß wir got zu lob und Ehr aus unser großen noth und armseligkeit befreiet worden. Auch mein weib von einem gewißen Zuestand ist Erlediget worden. auch das 3 te mahl ist sie so mißerabl im magn krank worden daß Sie selben gezweifelt hat hinaus zu komen hat derohalben so bald sie ihre andacht verricht gleich besser worden. ich hab auch mein lebtag keinen Buchstaben miter linken hand nicht geschrieben vorhero als nach verrichter wahlfahrt also ist daß mein Eigene Handschrift mit der linken Hand bite derohalben Solches jedermenniglich zu verkinden. nur alein zu gotes Ehr und Lob dan ich solches niemand alß den gegeißleten Heylandt und seiner allerliebsten muter maria kan zuschreiben kan.«

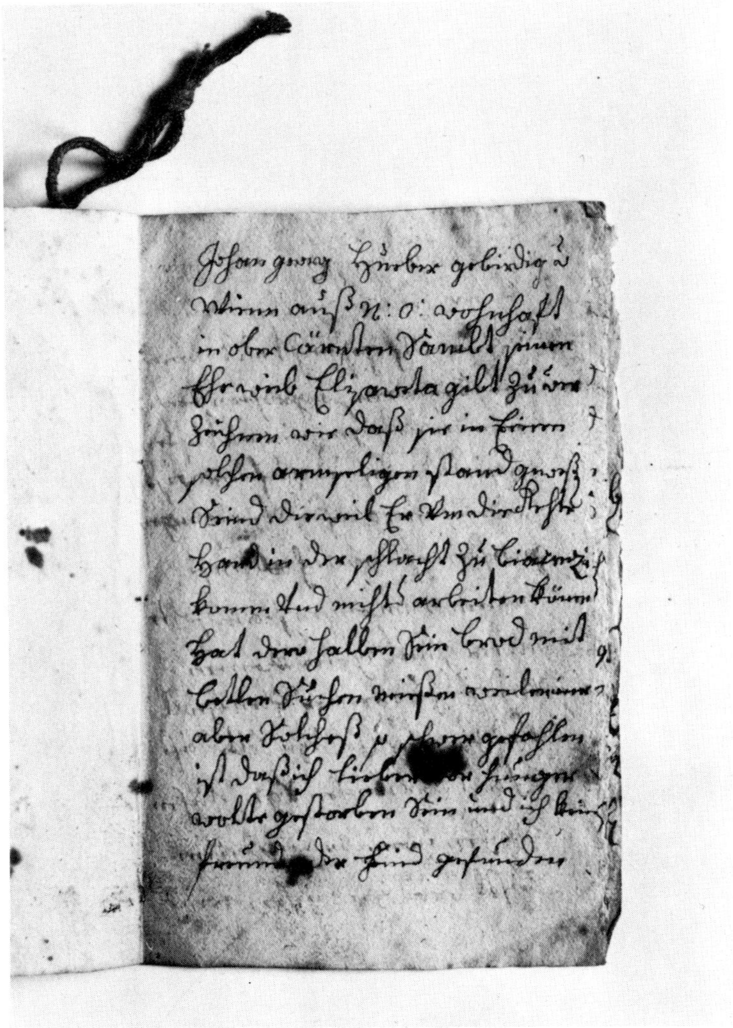

*Verkündzettel von 1749 (Wallfahrtskuratie Wies)*

Das Material der Gnadenbüchlein gibt Anlaß zu zwei vergleichenden Beobachtungen. Die erste bezieht sich auf die Anliegen, die auf Votivbildern dargestellt oder wenigstens in Büchern über Votivbilder abgebildet werden: Von den häufigsten Anliegen ist bei den Votivbildern nur die Hilfe beim Vieh und in Kindsnöten ein beliebtes Motiv. Die auf den Bildern häufig abgebildeten Stürze oder die Leiden des Kriegs sind dagegen zumindest in den Gnadenbüchlein der Wies weniger häufige oder seltene Anliegen. Bei einer Gesamtbeurteilung ist darauf zu achten, das vollständige Material in seinen verschiedenen Erscheinungsformen zu berücksichtigen, also auch die silbernen Votive der Augenpaare, die wächsernen Brüste, Arme und Beine oder die Krötenvotive der Frauenkrankheiten.

Der zweite Vergleich ist der mit unserer eigenen Zeit. Gewiß wird eine Geschichte der Medizin nicht die neueren Votivtafeln in der Wieskirche oder die schriftlichen Zeugnisse zugrundelegen, die zusammen mit einer Votivkerze zur öffentlichen Verkündigung dem Gegeißelten dargebracht werden. Eine Geschichte des leidenden Menschen muß sie aber sehr wohl als Quelle heranziehen, will sie erfahren, für welche Anliegen in unserer Zeit die Arzneien der Mediziner und die Kunstfertigkeit der Bader des 20. Jahrhunderts nicht mehr ausreichten, so daß nur noch das »Verloben« blieb: Krankheiten findet man kaum mehr genannt, aber Krieg und Gefangenschaft, und seelisches Leid und inneren Schmerz aller Art, Angst was mit den Kindern geschehen wird und Angst in der Ehe, und – grausames Zeichen einer fortgeschrittenen Zeit – Angst in der Schule und Dank für die bestandene Prüfung. Wie weit haben wir's gebracht? So weit, daß unter einem Tausend von Touristen unerkannt auch heute noch der Pilger kommt.

## 23. Jesus auf der Wies.

Mäßig. Gegend von Dettelbach.

2.
So viel als zu dir sind kommen,
Haben Hülf' von dir begehrt,
Hast du gnädig aufgenommen,
Und mit Huld gar bald beehrt.
Schönster Jesus ꝛc.

3.
Teufel müssen selbst bekennen
Was das für ein Gnadenort,
Und den wahren Gott ihn nennen;
Wer sollte nit hingehn dort?
Schönster Jesus ꝛc.

4.
Vielen wird dann hier geholfen,
Wer nur fest auf Jesus baut,
Sich vor ihm hat niederworfen,
Und mit Freuden ihn anschaut.
Schönster Jesus ꝛc.

5.
Alles sollst du ja verlassen,
Auf die Wies zu Jesus gehn,
Dich begeben auf die Straßen
Und mit Freuden ihn ansehn.
Schönster Jesus ꝛc.

6.
Krumm' und Lahmer ist willkommen,
Wird von ihm mit Gnad' belohnt;
Jeder ist zur G'sundheit kommen,
Wer ihm mit Gebet beiwohnt.
Schönster Jesus ꝛc.

7.
Böse Geister müssen weichen
Und verlass'n die Creatur.
Was sind das für Wunderzeichen!
Wer es thut, betrachtet nur.
Schönster Jesus ꝛc.

8.
Nun so will ich Alles lassen,
Auf die Wies zu Jesus gehn,
Mich begeben auf die Straßen
Und mit Freuden ihn ansehn.
Schönster Jesus ꝛc. —

Jesus auf der Wies werden gewisse steinerne Christusbilder auf oder an Wiesen genannt. — Vergleiche die folgende Weise.

*Das Wieslied. Aus: v. Ditfurth, Fränkische Volkslieder, Bd. I, Leipzig 1855, S. 17*

# Die Wallfahrer

*In so großer Gefahr verspricht sie noch selbige Nacht mit vestem Vertrauen eine Wallfahrt und heilige Meß zu dem allgemeinen Noth-Helfer Christo Jesu auf der Wis.*

Gnadenblum 1748, Nr. 139

»Die Wies könnten wir auch noch mitnehmen«, meinte der Mann am Steuer nach einem Blick auf die Karte. In der Tat sind es ja nur drei Kilometer von der Abzweigung in Kohlhofen, und warum soll man da »die Wies nicht mitnehmen«, auf dem Weg von Oberammergau nach Neuschwanstein oder umgekehrt. 1978 hat man die Straße verbreitert, begradigt und die Steigungen abgeflacht. Wenn man jetzt aus dem Wald auf die Wiese kommt, kann man mit hundert Stundenkilometern bis zum Parkplatz fahren. Hundert Meter muß man immer noch zu Fuß gehen. An schönen Sommertagen kann man sieben-bis achttausend Besucher zählen, bis zu hundert Omnibusse kommen und an die tausend Autos.
Eine Wallfahrt war – und ist – kein Vorbeischauen, und eine große Straße zur Wieskirche gibt es noch nicht lange. Im 18. und 19. Jahrhundert gab es überhaupt nur wenig befahrbare Wege in dieser Gegend, von den großen Nord-Süd-Verbindungen von Augsburg nach Italien abgesehen. Die Wege erschlossen meist nur die einzelnen Hofmarken; Verbindungen von der einen zur anderen, von Steingaden nach Rottenbuch hinüber, gab es nur wenige, und »diser Gnaden-Platz ware vorhin ein sonsten gantz einsam, abgelegenes, wenig bekanntes, mit Pfützen und Sunfften umgebenes Ort« (Gnadenblum 1746, S. 7).
Wildsteig heißt die anschließende Gemeinde; es ist »die wilde Steige« zwischen Lech und Ammer, ein Gebiet der Hochmoore und dichten Wälder, in dem es – wie man hier sagt – dreiviertel Jahr Winter ist und ein Vierteljahr kalt.
Wer eine solch einsame Stelle wie die »Wiese« bei Steingaden im 18. Jahrhundert aufsuchte, der mußte wahrlich ein Anliegen haben. Es waren Menschen, die sich zum gegeißelten Heiland »verlobt« hatten, und sich bittend und dankend zur Pilgerfahrt aufmachten, eine *peregrinatio religiosa* vollzogen.
Wie wurde diese neue Wallfahrt bis zum Erscheinen der Gnadenbüchlein bekannt?
Die geographische Verteilung der Berichte in den drei Teilen der Gnadenblum illustriert die allmähliche Ausbreitung. Im ersten Büchlein werden überwiegend Orte aus den nahegelegenen Landkreisen Oberbayerns und Schwabens genannt, aus Niederbayern dagegen stammen nur fünf Pilger: einer davon war ein Mann aus Gangkofen, der in Augsburg im Krankenhaus lag, ein zweiter kam aus

S. Salvator, dem Ort eines Prämonstratenserklosters, dessen Abt als Generalvikar der Zirkarie übrigens den Druck der Gnadenbüchlein zu genehmigen hatte. Fast alle datierten Belege stammen erst aus dem Jahre 1745. Das erste Votivbild hängt 1741 eine Frau aus der Herrschaft Hohenschwangau auf, die ersten »Gutthaten« aus den Jahren 1739 und 1740 werden von der Wiesbäuerin selbst und aus der Litzau bei Steingaden berichtet. Alle frühen Erhörungen stammen aus der nächsten Umgebung. Die Figur des Wiesheilands war also »nur in einem Winkel von einigen Stunden ihrer Nachbarschaft bekannt« s. o. S. 60). Die Kunde von der neuen Wallfahrt – und Pezzl hat natürlich recht mit seiner Beobachtung, daß Wallfahrten auch ihrer Neuigkeit wegen viele Pilger anziehen – verbreitet sich zunächst mündlich:

Johannes Christophorus Brandmayr hat »von einem guten Freund von vilen Gutthaten, so bey dem geißelten Heyland in der Wiß geschehen, erzehlen hören« (Gnadenblum 1746, Nr. 278).

»Indessen kamen einige Wallfahrts-Persohnen entzwischen, welche von der Gnadenreichen Bildnuß des gegeißleten Jesu in der Wiß redeten, und zugleich den Rath gaben zu disem Gnaden Orth mit Verlobnuß einer Heil.Meß eine Wallfahrt zu verrichten; . . .« (1746, Nr. 330). In späteren Jahren erreichen solche mündlichen Berichte sehr viel weiter entfernt liegende Gegenden: »Antoni Kren Clausner zu Grienbach bey Wienerisch Neustatt erkranckte tödtlich auf seiner Reiß nach Spanien zu Storga in Gallicien, . . . Dann erzählten ihm einige Wallfahrter von denen grossen Gutthaten des gegeisleten Heylands in der Wis« (Gnadenblum 1749, Nr. 948). Schon 1744 müssen die ersten kleinen Andachtsbilder des Wiesheilands gedruckt worden sein, die sicher zur Verbreitung der Wallfahrt beitrugen, da sie mehrfach erwähnt werden: »Bartholomäus Angerer von Vilgis aus dem Tyroll hat seiner Schwester (so in dem Frauen Closter Ord.S. Clarae in Freyburg ein Layen-Schwester ware) ein Wiß-Bild der Geißlung Christi zur Verehrung überschickt, . . .« (1746, Nr. 62; angesagt am 6. Januar 1745). Auch in Lauingen hat eine Klosterfrau schon 1745 von dem Gnadenbild »erzehlen gehört, und ein Bildlein bekommen« (1746, Nr. 246). Die »Wiesbildlein«, die im Wallfahrtsbrauch eine beträchtliche Rolle spielen, werden aber nicht nur von einzelnen Wallfahrern mit heim genommen, sondern sie werden systematisch vertrieben: »Ungefehr geschahe es, daß diser Knab von einer Bilder-Krammerin erzehlen hörte von dem Gnaden-Orth in der Wiß . . .« (1746, Nr. 147). Auch Johannes Friderich Moschner im Markgrafentum Mähren hat »von einigen Crameren die grosse Gutthaten des gegeisleten Jesu in der Wis vernommen« (1749, Nr. 1145).

Einen weiteren »Multiplikatoreneffekt« haben die »Offentliche Creutz- oder Bitt-Gäng aus Städt, Märckten und Dörfferen«, die einsetzen, nachdem in der Wieskapelle die Messe gelesen werden darf. Bis zum September 1746 waren es immerhin schon 95 (Gnadenblum 1746, S. 35).

Im Jahr 1747 kommen weitere 46 »sowohl von benachbahrten: als auch weit entlegenen Orthen« (1748, S. 33). Ein weiterer Maßstab für die Zahl der Wall-

*Kleines Andachtsbild, Kupferstich 18. Jahrhundert, 15,1 × 8,7 cm (Slg. Dr. Roth, Vierkirchen, Kat. 434)*

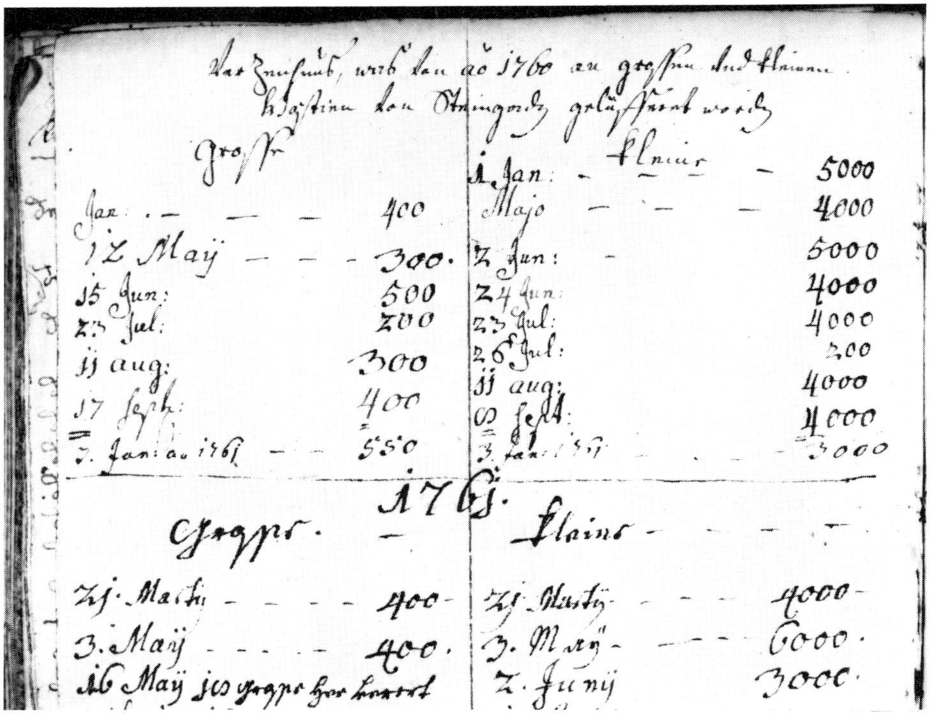

*Hostienabrechnung im »Hauptbuch« (Wallfahrtskuratie Wies)*

fahrer ist die der verlobten Messen. Die in den Gnadenbüchlein angegebenen Zahlen dürften realistisch sein, nicht zuletzt da sie der Buchführung dienten. Für die Zeit bis zum Erscheinen des ersten Büchleins werden 6090 Messen angegeben, das wären fast sieben pro Tag; für die folgenden Jahre bis 1750 errechnet sich ein Durchschnitt von über neun am Tag. Überprüft man die Zahlen an Hand der angegebenen Anzahl Kommunikanten, so ergeben sich ebenfalls realistische Aussagen: Für die ersten Jahre ergibt sich ein Durchschnitt von über sechs pro Messe, für die folgenden einer von über siebzehn.
Für die Jahre 1747 bis 1750 und 1752 bis 1776 ist in dem unlängst aufgetauchten »Gnadenmanuskript« und dem »Hauptbuch« der Wallfahrt eine sehr genaue Buchführung über die Messen und Kommunikanten enthalten. Aus der Übersicht auf Blatt 125 errechnet sich, daß in 25 Jahren 84 800 Messen gelesen wurden; die höchste Zahl wird 1767 mit 4783 erreicht; in den siebziger Jahren sinkt die Zahl bis auf 2397. Die Zahl der jährlichen Kommunikanten beträgt zwischen 23 600 (1773) und fast 39 000 (1762). Die Angaben sind von den Steingadener Mönchen nicht geschätzt, sondern sie errechnen sich an den gelieferten Hostien, die großen 100 zu 7 Kreuzer, die kleinen 100 zu 3 Kreuzer.
So mag es durchaus zutreffen, daß damals an manchen Tagen zwei- bis dreitausend Wallfahrer gezählt wurden. Da diese Wallfahrer – und sie kamen bald »von allen Landen und Orten Deutschlands, Böheimbs und Ungarns, auch andern

benachbarten Provinzen Franckreichs und Welschlands« (Wahrer Ursprung 1779, S. 12) – auf ihrer Fahrt nicht in vierrädrigen Gefängnissen unterwegs waren, sondern zu Fuß, wird die Verbreitung der Kunde von der Wallfahrt verständlich: der Wandersmann grüßt, wenn er einem anderen begegnet, hält inne und tauscht ein paar Worte über das Wohin und Woher und den Grund der beschwerlichen Reise. So ist die Kommunikation in einer fernsehlosen Zeit keineswegs gering; sie ist nur ganz anders und uns nur schwer vorstellbar.

Die Gnadenbüchlein lassen zunächst den Eindruck entstehen, daß die Wies vornehmlich von Einzelpilgern aufgesucht wurde; sie geben nur beiläufig Auskunft über die Form der Wallfahrt. Einige Belege lassen freilich erkennen, daß mehrere Leute aus dem selben Ort gemeinsam zur Wies kommen, oder daß Gruppen von Wallfahrern unterwegs sind, denen sich andere anschließen, wie die rührende Eintragung Nr. 360 im ersten Gnadenbüchlein erzählt:

»Da einige Persohnen in Tyrol, so auf dem Weeg nach der Wiß begriffen waren, bey einem Acker vorbeigegangen, und einige Arbeiter antraffen, so alldorten arbeiteten, ware unter disen auch ein armes Weib, welches die fromme Wallfahrter gern begleitet hätte, aber aus Armuth nit vermöchte, sondern nur also seufftzete: O wie gern wolte ich in die Wiß gehen, wann ich nur eine Zehrung hätte, sobald sie dises ausgeredt, und den ersten Streich in die Erden gethan, wie es ihre Arbeit erforderte, sihet sie einen schönen Duggaten ligen, hebet disen von der Erden auf, gehet nach Hauß, machet sich alsogleich auf die Reiß, und gesellet sich zu obbesagten Wallfahrtern.«

Mehrfach wird erwähnt, daß Eltern gemeinsam wallfahrten, oder die Mutter mit dem Kind kommt. Die Nr. 424 des Büchleins von 1749 berichtet, daß der Vater die Tochter begleitet, die sich zur Wies verlobt hat: eine Wallfahrt von Cham in der Oberpfalz her will er sie wohl nicht allein unternehmen lassen. Eine Reihe von Verlobungen sind nur durch Votivgaben, die schriftlichen Zeugnisse und die Attestate überliefert. In einigen Fällen werden diese durch andere Wallfahrer mitgenommen, besonders wenn es sich um große Entfernungen handelt. Daneben gibt es aber auch eine Reihe von »Wallfahrtsvertretungen«, das heißt, das Gelöbnis wird durch einen anderen Menschen im Auftrag dessen verrichtet, der sich verlobt hatte: »und weilen dann selbe aus erheblichen Umständen die Wallfahrt selbsten nicht verrichten konnte, erbietete sich solche ihr Ehemann für sie auszurichten . . .« (1748, Nr. 96). »Unterdessen hat der Vater [nämlich Paulus Bonaventura von Unertl] seine liebste Tochter zu dem Gnaden-Bild in die Wis verlobet, auch einen Mann dahin Wallfahrten geschicket, . . .« (1749, Nr. 474). Unter den »Auftraggebern« sind zweimal blinde Votanten, im übrigen sind es überwiegend Geistliche, die ihren Ort nicht verlassen können, und Adelige. Zweimal wird erwähnt, daß ein Klausner die Wallfahrtsvertretung übernimmt.

Die Wallfahrt zur Wies wird auch mit dem Besuch anderer Wallfahrtsstätten verbunden. Ein Geistlicher wird z. B. auf seiner Wallfahrt von Schwäbisch-Gmünd nach Ettal in der Wies von einem »gefährlichen Seiten-Stechen ergriffen«. Oft sind es Fernpilger auf dem Weg nach Rom oder auf der Rückreise von dort, die den Umweg zur Wies machen, worauf – für das Jahr 1750 – besonders aufmerksam gemacht wird.

Eine wiederholte Wallfahrt wird mehrfach berichtet, sei es, daß die erste vergebens war, sei es, um die zweite Krücke auf einer Dankwallfahrt zu bringen, nachdem die erste auf der Bittwallfahrt in der Kapelle zurückgelassen werden konnte (Gnadenblum 1749, Nr. 158), sei es, daß eine jährliche Wallfahrt gelobt worden war oder eine frühere Erhörung die erneute Verlobung zum Wiesheiland veranlaßte.

Weisen die Berichte der Gnadenbüchlein fast ausschließlich auf Einzelpilger, so erfahren wir aus einem unlängst aufgetauchten Manuskript aus der Wies jetzt auch einiges über die Creutz- oder Bittgäng, von denen das Gnadenbüchlein spricht. Dieses »Hauptbuch« der Wallfahrt enthält unter anderem von Blatt 120 *Abb. S. 148* bis 122 eine Liste der Processiones Publicae für die Zeit von 1751 bis 1776. Die Aufzeichnungen des Hauptbuches über die Wallfahrtspriester, die gefeierten Messen, die Zahl der Kommunikanten und die am Gnadenbild anberührten Kopien des Wiesheilands lassen die Entwicklung der Wallfahrt damit in vielem genauer sehen. Sie sind aber vor allem wichtig, weil sie die Aussagen der Gnadenbüchlein exakt bestätigen, und dadurch deren Glaubwürdigkeit als historische Quelle garantieren. Die Liste der Prozessionen umfaßt nahezu zweihundert Einträge. Ungefähr die Hälfte werden »Processio« genannt, oder es wird in den ersten Jahren eingetragen, daß die Gruppe »processionaliter« zur Wieskirche kommt. Eine Sortierung der Einträge zeigt, daß es sich vor allem um Orte der Umgebung handelt, deren Pfarrgemeinden sich regelmäßig mit Pfarrer, Kreuz und Fahne zur Wies begeben. Die Steingadener machen in der Regel im März den Anfang und beschließen die Reihe der Prozessionen im Herbst. Neben den Steingadenern sind die Wildsteiger mit ihrem Pfarrer die regelmäßigsten Pilger, und kommen im Mai – wie noch heute – und Ende September. Dieser Ort läßt ebenso wie Rottenbuch, Bayersoien, oder Kohlgrub erkennen, daß keine Konkurrenz der Orden in bezug auf die Wallfahrt bestand: die Augustinerchorherren von Rottenbuch hätten mit ihren Gemeinden ja zu ihrem Gnadenbild auf dem Hohenpeißenberg ziehen können.

Diese Art von Prozession dürfen wir zu einem großen Teil als Bittgang interpretieren: »um gutes Wetter zu erflehen«, »für die Feldfrüchte«, »um Regen«, »zur Abwendung von Schädlingen« kommen die Gemeinden, und im Herbst »in gratiarum actionem« oder »Christo Flagellato gratias agentem«. Ein paarmal werden ausgefallenere Anliegen erwähnt; so kamen die Kinsauer und Epfacher mit einer Dankprozession *ex voto*, weil sie ihr gestohlenes Marienbild nach 19 Tagen wieder bekommen hatten, und im Januar 1756 – die einzigen belegten Winterprozessionen! – kommen die Steingadener und Trauchgauer »pro avertanda terrae motu«, um Abwendung von Erdbeben zu erbitten: Erdbeben waren in einer Prophezeiung im Grab des hl. Dionys für 1755 vorhergesagt, wie ein Zettel besagt, der in den Deckel des Bruderschaftsbuchs von 1756 eingeklebt ist.

Für einige Gemeinden sind einzelne große Prozessionen belegt. Die Füssener kommen mit einer großen Bittprozession, der Stadtrat an der Spitze, um die Abwendung des ansteckenden und bösartigen Fiebers zu erbitten, das »in Deutschland und in unserer Gegend, in Tirol und Schwaben grassiert«. Die Füssener und auch die Schongauer bringen ihre Stadtmusik mit, und ziehen unter Musik und Liedern, weihwasserbesprengt wieder heim. Aus zwei weitentfernten Städten kommt fast ohne Unterbrechung jedes Jahr eine Prozession: aus Schwäbisch Gmünd, aus dem wir auch viele Einzelpilger nachweisen können, und aus Lauingen. Fast 150 Personen errreicht die stärkste Prozession 1764, und 1770 vermerkt der Wallfahrtspriester tadelnd »nur 20 Personen«, was aber wirklich die Ausnahme blieb. Aus einem späteren Vermerk geht hervor, daß die Lauinger ein Gelübde abgelegt hatten, 25 Prozessionen zur Wies zu machen; aber auch 1776 – nach dem Vollzug des Gelübdes – kommen 55 Wallfahrer – ohne Pfarrer, wie ausdrücklich vermerkt wird. Zur Processio gehört eben der Pfarrer, und sein Fehlen wird jedesmal hervorgehoben. Neben den Processiones stehen die Einträge der Communitates, der eigentlichen Gruppenwallfahrten. Hier fehlen die besonderen Anlässe der Bitte oder des Dankes, es sind echte Pilgerfahrten, *peregrinationes religiosae*. Die Größe der Gruppen schwankt von zehn bis fünfzig. Leider erfahren wir aus der nüchternen Buchführung der Wallfahrtspriester nicht viele Einzelheiten. Von der Ankunft in den frühen Morgen- oder den Abendstunden ist ein paarmal die Rede, von der Übernachtung in der Wies einmal.
Ein Vermerk »aus verschiedenen Orten« (ex diversis pagis), läßt erkennen, wie sich Leute für die Wallfahrt zusammenschlossen. Solche Gruppen aus benachbarten Orten lassen sich auch aus den Eintragungen der Bruderschaftsbücher erschließen (s. u. S. 171). Daneben gibt es aber die Wallfahrt der festen Gruppe eines Ortes oder bloßen Weilers. In nicht wenigen Fällen läßt sich zeigen, daß an dem betreffenden Ort der Wiesheiland in hohem Ansehen stand, so im nahen Steinbach b. Stötten am Auerberg, so aber auch im fernen Waldkirchen bei Passau, in Schärding in Oberösterreich oder in Krumau im Böhmischen und seiner Umgebung, von wo fast alle zwei Jahre eine Pilgergruppe im Frühjahr aufbricht, um am Fest Dominica Rogate in der Wies zu sein, wohl drei Wochen lang unterwegs.
Der Akt der Verlobung scheint nicht leichthin und nicht für kleine Leiden erfolgt zu sein. Dazu war eine Wallfahrt auch zu teuer und anstrengend. Die Berichte in den Gnadenbüchlein geben aufschlußreiche Zeugnisse, denn nicht selten geschieht die Anrufung spontan im Moment der höchsten Gefahr. Dazu gehören natürlich besonders die Verlobungen um »Hülf in gefährlichen Fällen«: »Anna Maria Erhardin stürtzte nicht ohne tödtliche Gefahr über ein hohe Stiegen; unter wehrendem Fall rufte sie den gegeißleten Christum in der Wiß an, . . .« (GNADENBLUM 1746, Nr. 54). Am eindrucksvollsten ist die spontane Anrufung in der Nr. 810 des Gnadenbüchleins von 1749. Anna Daisenberger wird in Eschenlohe von Räubern überfallen, die durchs Fenster einsteigen und ihr »mit einer

brennenden Fackel und durch vil Pistolen-Schläg das Angesicht . . . grausam verwundet«; sie bekennet, »daß sobald sie die Mörder gesehen, gleich ihr erstes Wort gewesen: Jesus von der Wis hülf mir! Dise Wort waren ihr . . . beständig im Gemüth verbliben . . .«

Am häufigsten sind die Hinweise, daß die Verlobung erfolgte, nachdem alle Hoffnung auf natürliche Mittel der Medizin sich als vergeblich herausgestellt hat und dem Kranken bereits die »letzte Wegzehrung«, das Sterbesakrament, gespendet worden war. Allein im dritten Gnadenbüchlein finden sich über fünfzig Belege, in denen dies explizit berichtet wird: »auf dises begehrte er selbsten, sich durch die heilige Sacrament bereit zu machen, den Weeg der Ewigkeit glücklich einzugehen, . . .« (1749, Nr. 780); Joseph Breitenwiser »ware schon auf das äusserste kommen . . .« (1749, Nr. 887); Anna Maria Ragerin »wurde des Todts eygen erkennet« (1749, Nr. 940); Barbara Fischerin hatte man »die Sterb-Kertzen öffters in die Hand gegeben« (1749, Nr. 733) sind nur ein paar der vorkommenden Ausdrücke. Das zuletzt genannte Beispiel zeigt, daß es sich nicht um euphemistische Umschreibungen handelt, wie das 20. Jahrhundert sie für alles liebt, was mit schwerer Krankheit und Tod zusammenhängt, sondern um das bewußte Bereiten zum Sterben des Barock. Das zeigt auch die wohl hinreichend konkrete Angabe, daß Margarethe Schallerin »vor verstorben gehalten würcklich auf ein Todten-Breth gelegt worden« (1749, Nr. 419), oder daß für Michael Brauns Eheweib »schon das Zug-Glögglein gelitten« worden war. Mit diesem wurden bei eintretender Agonie in kleineren Gemeinden die Gläubigen, insbesondere die Verwandten und Nachbarn zum Gebet in das Sterbezimmer gerufen, ein Brauch, der durch die Augsburger Läutordnung von 1804 verboten wurde.

Zu Bereitung auf den guten Tod gehört die zuvor erfolgte Beichte und der Empfang des Sakraments: Johann Georg Steur erkrankt im Wald: »er schrye zwar um Hülff, konnte aber solche nit erhalten, muste also bey so grosser Winters Kälte zwei Tag und Nacht ohne eintzige menschliche Hülff verharren; also seinen elenden Todt vor Augen sehend, flehete er den gegeislеten Heyland in der Wis nur umb die eintzige Gnad an, daß er nit ohne vorherige Beicht und Empfangung der H. Sacramenten sterben muste . . .« Er wurde gefunden, wurde versehen und bat noch, die Guttat verzeichnen zu lassen, »worauf er in Gott seelig verschiden« (1749, Nr. 181). In diesem Zusammenhang müssen auch die Bitten um Nottaufen der Neugeborenen genannt werden.

Die Verlobung erfolgt in der Mehrzahl durch den Betroffenen selbst, doch kann auch der Ehegatte verlobt werden, oder die Kinder von den Eltern. Bemerkenswert sind die Fälle von Kindern: so verlobt sich ein Vierzehnjähriger aus Bodenmais (1749, Nr. 868); fast legendenhaft ist der Bericht vom dreijährigen Johannes aus Lechbruck: »da man das Kind fragte, wie ihme solle geholffen werden, sagte es unverhollen, bey unserem lieben Herrn in der Wis; worauf dieses Kind dahin verlobet wurde, . . .« (1749, Nr. 857).

Die Verlobung erfolgt in der Regel hörbar vor Zeugen, was ihren Charakter als Rechtsakt unterstreicht. Die Verlobung »mit versammeltem Gemüt« (1749,

Nr. 775), das Verlöbnis »in Gedancken und mit dem Hertzen, weilen sie mit dem Mund nicht mehr konnte« (1746, Nr. 93) wird deshalb besonders erwähnt. Manches Verlöbnis erfolgt auf das Zureden anderer, manchmal wird berichtet, daß ein Traum Anlaß zur Wallfahrt war, oder daß der Kranke »eine Bildnus des gegeïsleten Heylands in der Wis an der Wand hangen sah« (1749, Nr. 681).
Die verlobte Wallfahrt wird zum Teil im Zustand schweren Leidens angetreten. Andreas Steckl von Neumarkt brachte wegen seines schadhaften Fußes mit der Wallfahrt »schier den gantzen Sommer« zu, »weilen es sehr langsam hergienge, und etliche Wochen unter Weegs hat müssen ligen bleiben, er setzte sein Vertrauen fort, und heylte der Schaden von sich selbst« (1749, Nr. 451).
Der Zeitpunkt der Erhörung oder der Besserung des Leidens wird in den Berichten ganz unterschiedlich angegeben. In einigen Fällen »ist gleichsam augenblicklich aller Schmertz verschwunden« (1749, Nr. 903); »auf geschehene Verlobung aber wurde sie noch selbigen Tag gesund« (1749, Nr. 909). Als ein vierjähriges Kind, das weder sprechen noch gehen konnte, verlobt wurde, gleich darauf ging und man es fragte, »wer ihm das gehen gelehrnet, gabe es mit deutlicher, und vormahls niemahl gehörten Stimm zur Antwort: Der Herr Gott in der Wis hat mir das Gehen gelehrnet« (1749, Nr. 967).
Der Verfasser der Gnadenblum schreibt solche Berichte ohne Kommentar nieder und hütet sich, an Wunder zu erinnern.
Es ist schwer auszumachen, was im Einzelfall geschehen sein mag; ein Vergleich mit anderen Mirakelbüchern zeigt, daß zu einer scheinbar höchst individuellen Aussage wie der folgenden »als ob man ihm ein kaltes Wasser über den Kopf abschüttete« eine Parallele gefunden werden kann. Aber daß eine Formulierung, ein Erleben, »typisch ist, macht sie nicht falsch. Zwei Berichte verdienen besondere Erwähnung. Maria Apolania Brandmayrin aus der Gegend von Schrobenhausen »wallfahrtete öffters hieher mit offenen Füssen, mit dem Fürsatz nit nachzulassen, bis sie den gegeisleten allerbarmhertzigisten Heyland werde erbettet haben, . . .« (1749, Nr. 384). Es ist dies die bei dem ganzen System des »Verlobens« nie völlig fehlende Haltung des »do ut des« gegenüber dem Gnadenbild. Der Verfasser der Gnadenblum hat in seiner Vorrede über das Wesen der Hoffnung natürlich Bedenken gegen eine solche Einstellung (1748, S. 17), aber er akzeptiert doch die Realität dieser Form einer naiven Gläubigkeit.
Der zweite Beleg betrifft die Helena Grossin aus Augsburg, deren Leid bei der Verlobung einer Wallfahrt nachgelassen hatte: »darauf wolte sie eine Reu ankommen des gethanen Gelübds, so wohl wegen üblen und weithen Weeg, als Abgang der Zöhrung, dises aber müste sie hart büssen, indeme der Schaden der Augen noch übler wurde, . . .« Das erneuerte und vollzogene Gelübde hilft ihr (1749, Nr. 104). In einem ähnlichen Fall (1749, Nr. 588,)wird dem Säumigen, der einen Rückfall erlitten hat, von seinem Gesellen ein Wiesbildlein vorgehalten, das augenblicklich hilft.
Der zuletzt angeführte Beleg bietet zugleich ein Beispiel für die Rolle der Wiesbildlein. Dies »Drum und Dran« der Wallfahrt, ihr »Brauchtum« gilt es nun

zu betrachten. Man findet – wie zu erwarten – vieles, was auch anderswo belegt ist; manches ist besonders stark ausgeprägt, anderes fehlt, so z. B. alles, was mit Reliquienkult und Heiligenverehrung im engeren Sinne zusammenhängt: auf der Wies wird eben kein Heiliger verehrt.

Ein paar Mal wird von selbst auferlegter Erschwernis der Wallfahrt berichtet: der Gang zur Wies nur bei Wasser und Brot (1746, Nr. 329); Martin Seelos verspricht, eine »gleiche Bildnuß des gegeisleten Heylands wollte machen lassen, und solche 75 Meilen weit selbst tragen«, das sind über 500 Kilometer (1749, Nr. 114). Die GNADENBLUM von 1748 berichtet (S. 33), daß einige »von Weitem her auf blossen Knyen biß zur Gnaden-Capell auch öffters um selbe auf solche Arth durch harten Weeg gegangen, oder vilmehr geschleipffet: einige andere mit gegen der Erden halb gebogenen Leib ihre Wallfahrt von etlich Stunden weit daher verrichtet.«

Die Erfüllung des Verlöbnisses wird durch mancherlei Zeichen bezeugt. Im ersten Teil der GNADENBLUM werden mehrfach Votivtafeln erwähnt, die später so häufig wurden, daß die Kapelle und der neue Chor der Kirche »selbe nit fassen kunte« (GNADENBLUM 1749, S. 5). Bis 1746 waren es schon 798 Tafeln gewesen (S. 33) und 1747 wurden wieder 405 unterschiedliche »Gelibdts- oder Votiv-Taflen worunter 159 Silberne . . . aufgehenckt« (S. 33), »nichts zu melden von andern Wachs-Opffern, aus unterschidlichen Materi gemachten Zeichen, . . .« (ebd.). Darunter sind auch Zeichen wie der »Stein in grösse eines kugleten Hennen-Ay« (1749, Nr. 992), oder ein »Beinlein in Silber gefaßt« (1746, Nr. 42), oder »zwey heilige Rosenkräntz« (1748, Nr. 231). Vor allem aber künden die vielen hinterlassenen oder übersandten Krücken von der Erhörung der Verlobung.

Auf die Rolle der kleinen Andachtsbilder, der Wiesbildlein, wird vielfach hingewiesen. Anna Catharina Taflmayr sucht halbblind »aus dem Bett-Buch in der Finstere die Bildnus U. L. Herrn . . . solche auf das leydende Aug und Kopff gelegt« (1748, Nr. 19). Die Wiesbildlein werden auch häufig auf die Füße gelegt, auch auf die Geschwulst beim Zahnweh, und man gibt das Bild einem Kind »andächtig zu küssen« (1749, Nr. 567). Ein Kind hat ein Wiesbildlein am Skapulier (1749, Nr. 811), in einem anderen Fall wird ein »messines Bildlein«, das ein Wallfahrer auf dem Hut hat, der Ehefrau um den Hals gehängt (1749, *Abb. S. 78* Nr. 689). Man sieht deutlich, daß die ganze Spannweite von der Verwendung des Bildes als Hilfe bei der Meditation und Andacht bis zur Verwendung als reiner Talisman ausgefüllt ist. Ein anderes Wallfahrermittel, das von der Wies mit heimgenommen wurde, war das geweihte Öl »so vor dem Gnaden-Bild brinnet« (1749, Nr. 63). Es wird bei Augenkrankheiten angewendet, aber auch bei Schwindsucht, und der Hofkammerrat von Unertl findet es besser als das Walburgisöl, das er zunächst angewendet hatte, da seine Tochter Walburga hieß (1749, Nr. 494).

Der letzte Beleg bietet zugleich ein gutes Beispiel dafür, daß auch Standespersonen zur Wies ihre Zuflucht nahmen. Die Gnadenbüchlein betonen das mehrfach,

daß beispielsweise »Verlobnuß-Schanckungen auch von hohen und höchsten Persohnen seynd überschickt worden«. Eine Auswertung der Berufs- und Standesbezeichnungen erweist die Korrektheit dieser Aussage: Graf und Gräfin, Exzellenz, Freiherr und Freifräulein verloben sich zur Wies ebenso wie der Herr Prälat und die Frau Oberin. Gewiß sind die meisten Pilger einfache Bauern, aber die Tatsache, daß eben das ganze Volk sich im Spektrum der Wallfahrer spiegelt, unterscheidet die Wies von vielen der anderen volkstümlichen Gnadenstätten und stellt sie auch unter diesem Gesichtspunkt in eine Reihe mit Altötting und Ettal. Für das zwanzigste Jahrhundert ist noch eine andere Beobachtung nicht überflüssig: Frömmigkeit und Wallfahren war im 18. Jahrhunderte keine Sache für ältere Frauen: Die Zahl der Männer überwiegt in den drei Büchlein mit fast 1100 die der Frauen mit über 800 doch beträchtlich, wobei die Verteilung auf die »Hülffen« einigemale, nicht unerwartet, typisch ist: beim Vieh werden fast nur Männer genannt, bei den Kindsnöten natürlich die Frauen. Lebensgefahr und Leibschaden sind eher eine männliche Domäne; Männer haben öfters ein schlimmes Fieber und scheinen auch häufiger etwas zu verlieren.
Aus Mosaiksteinchen muß man das sicher bunte Bild der Wallfahrt zusammensetzen. Der Mensch des 20. Jahrhunderts würde aber auch gerne erfahren, was wirklich im Innern einzelner Individuen vorging. Hier müssen uns die Quellen enttäuschen. Nur gelegentlich lassen sie uns einen Zipfel solcher Wirklichkeit des Fühlens oder Handelns fassen, treten einzelne Pilger etwas ins Licht. So der Graf Törring, der seiner Frau wegen einen Kammerdiener auf Wallfahrt zur Wies schickt, von dem wir aber auch wissen, daß er auf dem Rückweg von der 100-Jahr-Feier Wessobrunns einen Umweg zur Wieskirche machte.
Das Büchlein »Wahrer Ursprung und Fortgang« von 1779 berichtet (S. 26), daß Adam Friedrich aus einem Hochgräflichen Geschlecht der Reichsgrafen von Seinsheim 1753 in der Wies seine Primiz feierte. Ein Porträt der Zeit, das sich in der Wies erhalten hat, zeugt noch heute davon, und noch andere Zeugnisse seiner Verehrung des Wiesheilands lassen sich beibringen: er hinterläßt der Wieskirche 500 Gulden; und in der Umgebung seines Bischofssitzes Bamberg finden sich eine ganze Reihe von Kopien des Wiesheilands. Wahrscheinlich geht auch die von Bossi geschaffene Figur des Gegeißelten Heilands in der Schloßkirche von Werneck auf den Auftrag Seinsheims zurück. Auch sein Kurier »verlobt« sich, als er mit der Kutsche in Gefahr kommt, zum Wiesheiland (1748, Nr. 264). Am hübschesten aber ist ein Zeugnis im Diözesanmuseum in Bamberg: eine Art
*Abb. S. 184*
Guckkastenbild zeigt den Bischof in seinem Zimmer, und an der Wand ist das Gnadenbild von der Wies.
Zwei ganz andere Pilger seien abschließend angeführt, zwei einfache Menschen des 19. Jahrhunderts. Den ersten hat Ludwig Steub († 1888) entdeckt, als er nach Ischl bei Seebruck am Chiemsee kam: »Auf dem Friedhof hielt ich ein bißchen an und las z. B. über einem Grabe: Johann Reitmayer zu Ischl wollte nach dem Wallfahrtsorte Unser Herr auf der Wies gehen, starb aber ganz unvermutet zu Trauchgau. Wer uns sagen könnte, warum Johann Reitmayer dazumal nicht zur

bayerischen Muttergottes im nahen Altötting pilgerte, oder wenn er ein minder kräftiges Heilmittel seinen Umständen zuträglicher erachtete, warum nicht nach Maria-Eck, nach Tuntenhausen, nach dem Birkenstein bei Fischbachau? – Warum so weit über Berg und Tal und Wasserflüsse bis hinaus nach Steingaden, an den Lech, zum schwäbischen Herrgott auf der Wies? Anziehungskraft und Ruf der Gnadenbilder haben auch ihre Geheimnisse, die noch wenig enträtselt sind« (Steub: Sommer in Oberbayern).

Eine Antwort gibt die Kirche in Ischl, in der ein schöner Schrein des 18. Jahrhunderts mit dem Wiesheiland steht. Im Kirchenregister heißt es lakonisch: »Jakob Reitmayer auf einer Wallfahrt zum Heiland auf der Wies unvermutet verstorben. Er liegt in Trauchgau begraben.« *Abb. S. 104*

Das Sterberegister ist etwas ausführlicher: »Jakob Reitmayer, geb. 20. Sept. 1775 in Reit. Hausname Maier. Verheiratet mit Barbara Wohlschlager im Maierhof. Maierbauer von Ischl, unternahm in seinem siebzigsten Lebensjahr angeblich eine Wallfahrtsreise zu Unserem Herrn in der Wiese und wurde nach längerer Abwesenheit im Trauchgebirge der Pfarrey Trauchgau, k. b. Landgricht Schongau, am 12. Juni 1845 todt gefunden. Wahrscheinlich konnte er aus diesem unwegsamen Walde nicht mehr herausfinden und musste dort des Hungertodes sterben. Am 25. Juni 1845 wurde er auf Begehren seiner Kinder im Gottesacker zu Trauchgau nach katholischer Weise beerdigt.«

Den zweiten Pilger, er ist erst zwanzig Jahre alt, kennen wir nur aus einer kurzen Inschrift auf einem Balken des Dachstuhls der Wieskirche:

»Martin Gez von Musau in Tirol Geboren im Jahre 1847. den 11ten November geschrieben im Jahre 1867 den 29. Juli als Regrut der 8ten [?] Tiroler Jager. Lebe wohl libe Wies Vielleicht sehen meine Augen Dich nicht mehr. Lebe wohl. 1867 Martin Gez von Musau 1867. Mein Batalion liegt in Verona«. *Abb. S. 183*

*Ansicht der Wieskirche. Ölbild, 19. Jh.; Geschenk von Peter Dörfler (Wallfahrtskuratie Wies, Kat. 917)*

*Das Gnadenbild (Kat. 001)*

*Geißelungsszene aus einer Fastenkrippe. Größe der Christusfigur 15 cm. (Städtisches Museum im Prediger, Schwäbisch-Gmünd)*

*Christus an der Geißelsäule gestürzt. Fastenkrippe, gemalt aus Pappe, Größe der Figuren ca. 12 cm (Götzens, Tirol)*

*Dominikus Zimmermann und sein Sohn Franz Dominikus vor der Wieskirche. Ausschnitt aus einem Votivbild der Familien Lori und Zimmermann, nach 1771 (Wallfahrtskuratie Wies, Kat. 105)*

*Maria und Johann Martin Lori vor der alten Wieskapelle (vgl. gegenüberliegendes Bild)*

*Übertragung des Gnadenbildes aus der alten Wieskapelle, 1749; Ölbild, Ausschnitt (Wallfahrtskuratie Wies, Kat. 004)*

*Schrein am Schutzengelaltar der Klosterkirche Wilhering (Oberösterreich); Größe der Figur ca. 40 cm (Kat. 2132)*

*Schrein mit Wiesherrle,*
*Größe der Figur 27 cm*
*(Ischl b. Seebruck, Obb.,*
*Kat. 1195)*

*Prozession am Bruderschaftsfest 1979*

*Vortragsbild der »Bruderschaft des Gegeißelten Heiland«, 1756; Höhe 69 cm (Wallfahrtskuratie Wies, Kat. 003)*

*Rechte Bildseite:*
*Wiesherrle aus Zinn; Model des 18. Jahrhunderts (Fa. Schweitzer, Diessen, Obb.); Größe 70 bzw. 55 mm (Kat. 801; 803), Wachsabdruck 72 mm (Kat. 810)*

*Apfel und Birne mit dem Figürchen des Wiesheiland; Privatbesitz (Kat. 1820.2, 1820.3)*

*Klosterarbeit, 17×12 cm (Privatbesitz, Kat. 1820.6)*

◁ *Kleiner Schrein, Oberammergauer Arbeit, Größe der Figur 8,5 cm (Privatbesitz, Kat. 1820.7). – Flaschenaltärchen mit Wiesheiland, Altöttinger und Ettaler Muttergottes, Höhe 9,2 cm (Heimatmuseum Kaufbeuren, Kat. 1819.3). – Kreuz mit Wiesheiland; Größe der Figur 3 cm (Heimatmuseum Kaufbeuren, Kat. 1819.2). – Zinnrahmen mit Hinterglasbildchen des Wiesheiland; Höhe 12 cm (Privatbesitz, Kat. 1820.5).*

EXVOTO. auß der

Katharina Braun von Essenhofen
hat sich anno 1855 in einer schweren Krank-
heit hieher verlobt, und ist ihre Bitte erhört
worden.

EXVO
TO 1976

*Tonrelief 1979 von A. Schneider, Schüler der 5. Klasse der Sonderschule Dürrlauingen; Größe der Figur 16,5 cm (Privatbesitz, Kat. 1186.2)*

*Hinterglasbild »Blutkrankheit«, 1975, 26 × 19 cm (Wallfahrtskuratie Wies, Kat. 144.1, abgegangen)*

*Linke Bildseite:*

*Ältestes erhaltenes Votivbild, 1743; 31 × 24 cm (Wallfahrtskuratie Wies, Kat. 301)*

*Detail aus dem Sammelvotivbild im Vorzeichen der Wieskirche, nach 1760 (Kat. 103)*

*Votivbild von 1855, 39 × 26 cm (Wallfahrtskuratie Wies, Kat. 116)*



*Votivbild 1976, 23,5 × 15 cm (Wallfahrtskuratie Wies, Kat. 153)*

*»Eingrichts« aus Wachs, 50 × 40 cm (Wallfahrtskirche St. Maria, Altenburg, Obb., Kat. 1069)*

# Drittes Kapitel

## Fernere Beschreibung des Fortgangs der Wallfahrt.

*Kleines Andachtsbild auf Seide, Kupferstich um 1749, 28 × 18,5 cm*
*Privatbesitz, Kat. 463)*

# Der neue Kirchen-Bau

*. . . ein Drängen der örtlichen Bauwirtschaft . . ., der es auf diese Weise gelang, Konjunktur- und Arbeitsbeschaffungsprogramme durchzusetzen, wobei sich die Ausstattungsformen des Barock und Rokoko vor allem aus der Not des Ausbauhandwerks der Jahre um 1700 entwickelt haben.*

D. Stutzer, in: Unser Bayern, 26 (1977), Nr. 11

Die äußere Baugeschichte ist schnell berichtet, da nur wenige Daten überliefert sind; Carl Lamb hat sie am sorgfältigsten zusammengestellt. Im zweiten Gnadenbüchlein von 1748 wird erzählt, daß der hölzerne Anbau der Kapelle, den »eine gewisse freygebig gnädige Hand« hatte errichten lassen (Gnadenblum 1746, S. 34), die Wallfahrer nicht mehr fassen konnte. Damit aber ist das eigentliche Ziel der Wallfahrt, nämlich das Schauen und Anschauen des Gnadenbildes (das damals ja nicht erhöht aufgestellt war, sondern auf einem gewöhnlichen niederen Altartisch der alten Kapelle stand) oft nicht mehr möglich, so daß »vile in disem ungetröst beklagen, sie haben vor Menge des Volcks eintweders die Gnaden-Bildnuß gar nicht ansichtig werden, oder nur von weitem, und obenhin sehen können, da doch dise Capellen 44 Werckschueh in der Länge zählet. Es wurde derohalben schon in dem 1744sten Jahr zur Erbauung einer neuen Kirchen vorläuffige Anstalten gemacht, und Anno 1745 ist dises zur mehreren Beförderung der Ehr Gottes und besseren Bequemlichkeit der vilen eyfrigen Wallfarteren vorhabende Werck erstlich von weyland dem Hochwürdigen in Gott Herrn Herrn Hyacintho Abbten des Closters Steingaden mit nothwendiger Zubereitung angefangen, und von dem Hochwürdigen in Gott Herrn Herrn Mariano als dessen würdigen Nachfolger an behörig höchsten Orthen gezimmend angezeiget, und mit Genehmhaltung durch ein ordentlich eingerichteten Aufsatz oder Instrument dem Closter Steingaden einverleibt worden« (ebd. S. 30f.). Der Bau war also durch Abt Hyacinth Gassner als Schwarzbau begonnen worden; Marianus Mayer beeilt sich, die Genehmigung nachträglich einzuholen. Der Chor kann aber 1745 wegen der schlechten Witterung nicht mehr fertiggestellt werden; die Wände waren 40 Schuh, also bis zum Gesims hochgezogen worden. Am 10. Juli 1746 erfolgte die offizielle Grundsteinlegung durch den vom Kurfürsten beauftragten Abt Herkulan Karg vom Augustinerchorherrenstift Diessen. Die Fertigstellung des Chores dauerte bis 1749. Daß der Gnadenaltar damals fertiggestellt

war, geht mit einiger Sicherheit aus dem Übertragungsbericht und dem Bild von der Übertragung hervor, und daraus, daß er im dritten Gnadenbüchlein als Titelkupfer abgebildet ist. Das Büchlein von 1779 berichtet, daß der Chor »mit all möglicher Verzierung zu vollkommenem Stande gelanget« (S. 16). So kann am 12. 6. 1749 die neue Kirche – unter Vorbehalt der geistlichen Jurisdiktion – dem Kloster Steingaden inkorporiert werden. Am 9. April ist das Priesterhaus bezugsfertig, und die ersten fünf Expositi kommen in die Wies, unter ihnen Magnus Straub als Pater Superior bei »seiner« Figur des Gegeißelten. Am 24. August wird der Chor geweiht, und es wird beschlossen, »den letsten Sonntag des Augustmonaths, welcher auf den 31 igsten damahls gefallen, die Übersetzung der Gnaden-Bildnus aus der Capellen . . . anzustellen . . .« (GNADENBLUM 1749, S. 2). Es wurde ein echtes Barockfest, über das wir durch das Übertragungsbild und den Bericht der GNADENBLUM (S. 2f.) ausnehmend gut und anschaulich unterrichtet sind:
»An dem Vor-Abend des zur Übersetzung bestimmten Tags, ist eine von etlich sechszig Schuh hoche Triumph- oder Ehren-Porten bey der neuen Kirchen aufgerichtet, zur Proceßion oder Umgang sittliche Sinnbilder, und andere Schildereyen verfertiget, eine zahlreiche Soldadesca zu Fuß und zu Pferd unter Militarischer Music bereits bestellet, und neben etlichen Pfarreyen, samt Creutz und Fahnen nach ausgesetzter Ordnung alles eingetheilet, und ist also um 9 Uhr Vormittag an schon bemeltem 31. August die Gnaden-Bildnus des gegeisleten Heylands auß der kleinen Capellen von 6 Geistlichen Herren des Closters Steingaden Canonicis genommen, auf ein schönes Ferculum oder Trag-Figur gesetzet, in Begleitung Ihro Hochwürden und Gnaden Hrn. Hrn. Prälaten Mariani etc. in Pontificalibus, und mit denen nachfolgenden Geistlichen Chor-Herren, unter dem Schall 12 Trompeten, in 3 Chör abgetheilt, neben gewexleter Absängung eines Hymni, und Loßbrennung des grösser- und kleineren Geschütz feyrlichist im Chor der neuen Kirchen übertragen und eingesetzt worden; da dann nach gehaltener Predigt, und Hoch-Ambt mit Absingung des Te Deum laudamus dise Feyrlichkeit beschlossen worden.« *Abb. S. 102*
Der Bau des Hauptraumes der Kirche, der nun erst begonnen wurde, zog sich bis 1754 hin (Weihe am 1. September); die Ausstattung wird mit der Errichtung der Orgel 1757 vollendet. Für viele Details des Baues fehlen genaue Nachrichten, insbesondere sind die Baurechnungen und Kontrakte trotz intensiver Suche nicht gefunden worden, die bei anderen großen Kirchenbauten eine wichtige Quelle des Kunsthistorikers darstellen. Entsprechend gering ist auch unser Wissen über die Kosten; von 170 und 180 000 Gulden wird gesprochen. Die Schuldenlast für das Kloster war groß. Abt Marian mußte resignieren und zog sich in die Wies zurück.
In jüngster Zeit ist der Bau der Wieskirche unter wirtschaftswissenschaftlichen Gesichtspunkten untersucht worden, und bei der Darstellung der »abenteuerlichen Bau- und Finanzierungsgeschichte« spielen die fehlenden Rechnungen ebenfalls eine beträchtliche Rolle: »sie sind gar nicht verschollen, es hat sie nie

gegeben. Die mit dem Bau dieser Kirche heraufbeschworene finanzielle Katastrophe wurde für Steingaden so schnell erkennbar, daß man gar nicht erst versucht hat, überhaupt noch abzurechnen und einen Schlußstrich zu ziehen« (D. Stutzer, in: Unser Bayern 26 (1977), Nr. 11). Der Autor dieser Hypothese analysiert sodann im einzelnen die katastrophal schlechte Wirtschaftsführung der Steingadener. Das Kloster war »unterkapitalisiert« und arbeitete mit dem hohen Personalkostenanteil von 62 Prozent. »Jeder Kaufmann und Betriebswirt weiß, daß ein solcher Personalkosteneinsatz in einem Wirtschaftsunternehmen unerbittlich zum Ruin führt«. Stutzer weist auf die außerordentlichen Transportschwierigkeiten hin und meint, daß manch bautechnisches Detail – wie die Verwendung von Holz für die Gewölbe – als Sparmaßnahme angesichts des täglich drohenden Bankrotts zu erklären ist. Nicht das Drängen des Volkes hat den Bau der Wies veranlaßt, sondern dieser ist »von der örtlichen Wirtschaft geschickt gesteuert worden, um . . . eine Konjunkturspritze zu erhalten, . . .«, für einen Bau, »der schon vom Standort her im Grunde fast aberwitzig gewesen ist«.

Aus einer solchen wirtschaftswissenschaftlichen Analyse ergeben sich eine Reihe weiterer Fragen: Wenn der Verfasser recht hat, waren die Steingadener Äbte Baulöwen, die denen unserer Zeit mit ihren vielen Konjunkturspritzen in nichts nachstanden? Allerdings konnten sie nicht mit Abschreibungsgewinnen rechnen; ihr Motiv muß also ein anderes gewesen sein. Daß sie Dominikus Zimmermann – ohne Rechnungslegung und Kontrakt? – einstellten, ist erstaunlich: sein Ruf als Kostenüberschreiter in Steinhausen muß aus dem Kloster Schussenried auch nach Steingaden gedrungen sein. Oder war das Fehlen von Kontrakten und Überziehen von Kostenvoranschlägen einkalkuliert durch gewisse Vorteile für die Partner? Und warum ein Konjunkturprogramm gerade mit einer Kirche an diesem Ort? Eine schöne Bibliothek wie in Polling wäre auch teuer gekommen und hätte die Scherereien mit der Wallfahrt vermieden, bei der man jährlich 2000 Gulden draufzahlte. Und noch eine Frage muß beantwortet werden: wer ist die »örtliche Wirtschaft«? Das sind doch weitgehend die Klosteruntertanen, denen es nach Stutzer viel zu gut ging bei 62 Prozent Personalkosten: da hatte jeder sein eigenes Bett, während in dem gut wirtschaftenden Schäftlarn mit seinen »beinharten Managern« das Personal im Stall schlief, jeweils zu zweit in einem Bett . . . Greift dieser Begriff von Wirtschaften, der nur irdischen DM-Gewinn als Rechengröße kennt, nicht etwas zu kurz? Für wen wären denn die schönen erwirtschafteten Gulden bestimmt gewesen? Für Kriegskontributionen, für den Staat bei der Säkularisation? Es sollen kurz vor der Säkularisation in den Klöstern manche Rechnungsbücher gefälscht, manche Schuldscheine zerrissen worden sein, denn das wußten die schlecht wirtschaftenden Klöster: der Staat würde keinem der Untertanen auch nur einen Kreuzer von den Schulden erlassen.

Man sieht, daß die nur ökonomische Interpretation wohl ebensoviel Fragen aufwirft wie sie beantwortet. Nicht zuletzt wären alle Aussagen der Gnadenbüchlein über die Vorsicht der Steingadener in bezug auf die Wallfahrt und den Bau etwas seltsam, nämlich Teil eines lang angelegten Planes und geistliche Rechtfertigung ökonomischer Stümperei. Beides machen die Veröffentlichungsdaten und der Stil unwahrscheinlich. Wichtiger aber ist es, daß eine Äußerung des Abtes Marian Mayer zum Kirchenbau ihn als vorsichtigen Wirtschafter ausweist und die Baugeschichte selbst ebenso: Am 7. Dezember 1745 schreibt er an den Kurfürsten: »Falls diese Wallfahrt wider Verhoffen sollte in Abgang kommen und also der völlige Kirchenbau durch die Opfer nit sollte bestritten werden können, nichts destoweniger der Chor alleinig zu einer jedennoch proportionierten Kirchen hergestöhlt werden könnte, da mir denn der Herr Baumeister Dominikus Zimmermann, dem dieser Plan kommitiert ist, diese Versicherung gegeben.«

Der Chor ist tatsächlich »mit aller Zierd zum vollkommenen Stand gekommen«, *Abb. S. 114* bevor mit dem heutigen Hauptraum begonnen wurde; Abt Marianus meinte also, was er schrieb. Der ökonomische Ansatz kann viele Aspekte des Klosterlebens im 18. Jahrhundert in faszinierender Weise erhellen, auch die Schwierigkeiten beim Bau der Wieskirche; aber der ökonomische Ansatz erklärt den Bau nicht.

Von den barocken Fürsten, geistlichen wie weltlichen, hatten viele den »Bauwurm«, denn Bauen hieß eben nicht einfach ein Gebäude hinstellen, sondern hieß, sich selbst darstellen und etwas darstellen, und zwar programmatisch – als Programm und mit einem Programm. Wenn wir heute bei großen Bauvorhaben vom Bauprogramm sprechen, meinen wir die Aufstellung von Zimmertypen und Quadratmeterlisten nach Richtzahlen. Und bei staatlichen Hochbauten kommt dann noch für 0,5 Prozent der Bausumme Kunst an den Bau dran . . . Aber »ein Kirchenbauen ist sovil als einen neuen Himmel erschaffen«, heißt es in der Diessener Kirchweihpredigt zum Jubiläum der Gründung im Jahre 1740. Auf die Bedeutung solcher Predigten für das Verständnis der bayrischen Barockkirchen und auch ihrer Programme hat vor allem B. Rupprecht hingewiesen, der zusammenfassend sagt: »1. Die Bedeutungen werden nicht nur symbolisiert, sondern wörtlich genommen und durch die Freskomalerei zu sichtbaren Gegenständen gemacht. 2. Die Bedeutungen werden (in der Regel) an der Decke der Kirche auf illusionistische Weise in direkten Bezug zum Betrachter in der Kirche gesetzt« (B. Rupprecht: Die bayerische Rokokokirche). Am Schluß der bisher umfassendsten Analyse der Fresken in der Wieskirche heißt es: »Der Freskodarstellung der Wies liegt sicher ein eigenes literarisches Konzept zugrunde, dessen Verfasser mit großer Wahrscheinlichkeit ein Angehöriger der ehem. Prämonstratenserabtei Steingaden war. Die von Bildtypus und -tradition her sehr verschiedenen Bildmotive sind in die Formensprache des Rokoko übertragen und durch J. B. Zimmermanns künstlerische Konzeption mit dem Kirchenraum zu einem monumentalen Bildkosmos von origineller Prägung und überwältigender Überzeugungskraft gestaltet worden« (Bauer/Rupprecht: Corpus der barocken Deckenmalerei in Deutschland, I).

Das Programm der Wies ist uns »nur« durch die Kirche selbst überliefert und es ist vielfach andeutend und ausdeutend beschrieben worden, am besten wohl durch den langjährigen Kuraten der Wies, Prälat Alfons Satzger († 1978), dessen Sinn für das Schöne ebenso ausgeprägt war wie sein religiöser Sinn. Es braucht hier deshalb keine neue Beschreibung versucht zu werden.

Geht man davon aus, daß konsequente ikonographische Programme vorhanden waren, wenn mit einem barocken Kirchenbau begonnen wurde, dann müßte der von Abt Marian erwähnte mögliche Baustopp nach Vollendung des Chores auch am Programm nachweisbar sein. Und dies scheint in der Tat der Fall zu sein. Positiv formuliert: die Chorkirche, wie wir sie einmal nennen können, bietet eine ganz auf das Leiden Christi bezogene Ikonographie und einen engen Bezug zu den »Hilfen«, welche die Pilger hier erhalten haben oder erwarten. Das Programm des Chores bedarf keiner Ergänzung; es ist vollständig auf das Gnadenbild des leidenden – und heilenden Christus bezogen. Umgekehrt sind bei der Analyse des Gesamtbaues einige Beobachtungen gemacht worden, die für eine echte »Zweiphasentheorie« der Baugeschichte sprechen: Einerseits wird bei den Fresken des Chorraumes ihr Bezug zum Raum und Altar besonders hervorgehoben, andererseits wird das Thema des Hauptfreskos als »ungewöhnlich« für den Gemeinderaum bezeichnet; das Thema des Chorfreskos »ist offenbar [sic!] durch das Gnadenbild bestimmt« (Bauer-Rupprecht).

Natürlich ist es das, und die Fresken im Umgang, die sich einer genauen Festlegung auf biblische Vorbilder entziehen, lassen sich sehr wohl auf jene Guttaten beziehen, um die so viele Wallfahrer in der Wies beteten: Hilf in den Augen und Hilf in den Füßen und Hilf in Verwirrung des Gemüts.

Als der Chor vollendet war, blieben die Wallfahrer nicht aus – und es wurde weitergebaut. Die Wies wäre auch als »kleine Lösung« ein vollkommenes Werk gewesen, anders, gewiß; eine reine Wallfahrtskirche, die nicht zu einem Aestheticum hätte werden können. Keine breite Straße würde heute hinführen und die feinsten Gäste der Staatsregierung würden nicht mit dem Hubschrauber landen und die Kühe erschrecken. Wir wären vielleicht ärmer, vielleicht reicher. Wirtschaftsgeschichte und Kunstwissenschaft erklären vieles, nur nicht die Andacht der Wallfahrer.

*Andachtsbild, Öl auf Holz, 18. Jahrhundert, 51,4 × 38,7 cm*
*(Rüthi, Schweiz, Kat. 2273.2)*

# Devotio und Devotionalien

*... daß er sein eintziges Vertrauen zu dem in seiner Bildnus in der Wis Gnaden-reichen Heyland gesetzt: dahin ein Opfer verlobet, wie auch eine dergleichen Bildnus verfertigen zu lassen, und solche zu Verehrung in seinem Hauß aufzubehalten, ...*

GNADENBLUM 1748, Nr. 404

Aus Andacht und Verehrung wächst die wahre Hoffnung, »weilen auf eine rechteingerichte Hoffnung Gott seine Gnaden und Gutthaten weit freygebiger mittheilet, und auch die vermehrtmitgetheilte Gutthaten die Hoffnung steiffen, das Vertrauen vermehren« (GNADENBLUM 1748, S. 10). Aus der wahren Hoffnung wächst das Gelübde, und seine Erfüllung wird am Ort der Gnade durch Wort und bildhaftes Zeichen kundgetan. Als Erinnerung an den Ort der Gnaden dienen die Bilder des Gnadenbildes, zur anschauenden Hinwendung und Stärkung von Verehrung und Hoffnung.

Von diesem doppelten Handeln des Wallfahrers, dem zeichensetzenden Hinterlassen und dem Nachhausenehmen von Zeichen der Wallfahrt, ist das erstgenannte mehr untersucht worden als das zweite, besonders dann, wenn an einem Wallfahrtsort wie zum Beispiel Altötting eine reiche Überlieferung von Votiven aller Art und Berichten aus vielen Jahrhunderten ein scheinbar lückenloses Bild der Wallfahrt vor uns erscheinen läßt. Die Wieskirche ist vergleichsweise arm an solchen Zeugnissen der Wallfahrtsgeschichte, ist doch kaum ein Votivbild aus dem 18. Jahrhundert der Vernichtung entgangen. Auch von dem alten Schatz an Votiven ist nicht viel übrig. Der Verfasser des Büchleins von 1779 berichtet, »daß inner abgemeldeten 34 Jahren schon über 12000 theils silberne, theils gemahlte, theils wächserne,theils andere Votiv angekommen seyen« (S. 27).

Die Franzosenkriege haben dazu geführt, daß vieles weggebracht und vielleicht als Kriegskontribution veräußert wurde. Einige Detailangaben dazu finden sich in den Wies-Manuskripten, besonders dem Wallfahrtskalender *Facta et Observata*: »1792 den 11 Julj ist das ganz goldene Herz in die Abtey geliefert worden.« Aus Furcht vor einem Einfall der Franzosen wurden 1796 alle Silbervotive (insgesamt 70 Pfund Silber!) nach Steingaden abtransportiert, und ebenso der vergoldete Kelch und das Kännchen, die der spätere Fürstbischof Seinsheim anläßlich seiner Primiz gestiftet hatte: »Mense Augusto 1796 jussu Rdssmi D.gilberti Abbatis ex timore Invasionis gallicae omnia votiva argentea pondere 70: librarum Solidarum una cum Monstrantia Majori, et calice deaurato cum vasculis quem [?] dono Rdmi ac gratiosissimi principis herbipolensis de Seinsheim accepimus ad Monasterium Steingadensem transmissa sunt et nihil amplius rediit [?].«

Wenn die Wieskirche also dem Sucher nach dem Alten, vielleicht Archaischen nicht so viel bietet wie manch andere Wallfahrtskirche, so bietet sie andererseits auch mehr: sie zeigt die Kontinuität volksfrommer Verehrung in der Individualwallfahrt über die Säkularisation hinweg bis in unsere Tage, und sie bietet das manchmal seltsame Schauspiel einer halb ästhetischen Intellektuellenwallfahrt, in der Kunstgenuß und Tourismus eine enge Verbindung eingehen und in der doch immer wieder die Kirche als Stätte der Gnade obsiegt – daß strenggläubige Protestanten eine Kerze opfern, dürfte zum Beispiel an kaum einem anderen Wallfahrtsort geschehen.

Im folgenden werden ausgewählte Beispiele der bildhaften Zeichen der Verehrung des Wiesheilands vorgestellt. Es werden zunächst die Zeichen der Verehrung am Gnadenort selbst besprochen, danach die eigentlichen Devotionalien, welche die Wallfahrer mit nachhause nahmen.

Zunächst ist noch einmal an die oben (S. 89) bereits erwähnten vielen Messen zu erinnern, die zum Gnadenbild »verlobt« wurden. Zu den realen Opfern gehört sodann, was in die Opferstöcke gelegt wurde. Leider ist von ihrer Höhe nichts bekannt. Von der Filialwallfahrt Moosbach in der Oberpfalz wissen wir, daß die Opfer so beträchtlich waren, daß damit die Wallfahrtskirche erbaut werden konnte. Die vorsichtige Bauplanung der Steingadener läßt vielleicht darauf schließen, daß sie auch davon ausgingen, die neue Kirche mit Wallfahrtsopfern zu erbauen. Zu den realen Opfern gehören auch das ungeformte Wachs und die Kerzen. Von anderen »ungeformten« materiellen Opfern wird in den Gnadenbüchlein nichts berichtet, wohl aber sind Gespanndienste für den Kirchenbau überliefert. An der Grenze zu zeichenhaften Opfern, die sowohl in sich materiellen Wert als auch subjektiv ein Opfer darstellen, darf man die dargebrachten Rosenkränze rechnen, mit denen früher, neben anderen Votiven, die Geißelsäule behängt war. Die zweite Gruppe von Zeichen der Verehrung sind reale Dinge oder Gebilde, die sie abbilden, die in direktem Bezug zum Verlöbnis standen: Hierher gehören die in den Gnadenbüchlein häufig erwähnten »Beinlein« und die Blasensteine, aber auch die Nadeln und Kugeln, die sich nach verlobter Wallfahrt aus dem Körper lösten. »Herr Jacob Bernard Pater . . . hat sich zu dem gegeisleten Heyland verlobet, daß er den herausgeschnittenen Stein zur Dancksagung und Aufnahm der Wallfahrt wollte in seiner Gnaden-Capell aufhängen lassen . . .« (1749, Nr. 992) und Andreas Geigenberger hat »neben einer Verlobnuß-Tafel einige von denen zerbrochnen Leibs-Theilen heraus genommene Beinlein in Silber gefaßt bei dem Altar seines gegeißleten Helffers aufgehenckt« (1749, Nr. 42). Eine nicht sehr große Zahl solcher Dinge, zum Teil in Silber gefaßt oder mit einem Anhänger versehen, der dem Anbringen am Gnadenbild oder eigens dafür vorgesehenen Gestellen diente, sind in der Wieskirche noch vorhanden. Eine Datierung des Materials ist meist nicht möglich, außer es ist in votivbildähnlicher Art mit Inschrift versehen. Solche »Tafeln« sind aus den Jahren 1828, 1893, 1898 und 1908 überliefert. Das schmuckhafte Einfassen der Eisenteile durch die Gutsbesitzerstochter von der Schildschwaig (eine halbe

*Abb. S. 127* Stunde von der Wies entfernt) entspricht genau einem Typus von »Votivbildern« dieser Zeit; es illustriert zugleich die fließenden Grenzen zwischen den einzelnen Typen von Ex-voto-Zeichen.

Zu den häufigsten Gebilden gehören die aus Wachs oder Silber geformten Abbildungen von kranken Gliedmaßen. Auch die Wieswallfahrt kennt sie von Anfang an. Ein Beleg für einen wächsernen Arm wurde bereits oben zitiert; ein »wächsenes Bild und Opfer« verlobt Jacob Brumfeichtner, der an Leibschaden leidet (1748, Nr. 291). An der Grenze zwischen Abbild des kranken Körperteils und symbolhaften Zeichen stehen die silbernen Herzen, die sich auch bei der Wieswallfahrt und ihren Filialwallfahrten finden: sie können auch die Verlobung »mit dem ganzen Herzen« bedeuten. Schließlich sind in diesem Zusammenhang die Krücken und Stöcke der Fußkranken zu erwähnen, die von den Wallfahrern zurückgelassen oder übersandt wurden.

Ein nur bei der Wieswallfahrt vorkommender Votivtyp sind die sogenannten »Tränentüchlein«, die früher in den Schränken über den Umgängen aufbewahrt worden sein sollen. Sie erinnern an das Tüchlein, mit dem der Wiesbauer 1739 »die abhangenden Tropffen« abgetrocknet hatte.

Die beiden wichtigsten Gruppen von Zeugnissen am Gnadenort sind die schon behandelten Berichte über erfahrene Guttaten, die in den Gnadenbüchlein gesammelt wurden, und die Votivtafeln. Zu ihnen treten noch die unlängst
*Abb. S. 80, 82* aufgetauchten Verkündzettel aus den Jahren 1748 bis 1773. Diese Quellengruppen sind so aufschlußreich, weil sie nicht nur zeichenhaft auf ein Geschehen hinweisen, sondern dies erzählen. Zudem gehört zu ihrer »klassischen« Form, daß sie den Stand und die Herkunft des Votanten direkt oder indirekt erkennen lassen und datiert sind, so daß sie die Ansprüche befriedigen, die an historische Quellen gestellt werden und dadurch einen sehr hohen Grad an realistischer Fixierung der Vergangenheit erreichen. Beide Gruppen leben in der Wieswallfahrt bis heute weiter.

»Die Menge der Votiv- oder Verlobnuß-Tafflen ist sehr zahlreich, und werden selbe zum Vorschein kommen, wann die gantze Kirchen zu ausgemachten Stand kommet, massen anjetzo der Chor selbe nit fassen kunte«, berichtet die GNADENBLUM von 1749 (S. 4f.). Es ist bezeichnend, daß im ersten Gnadenbüchlein häufig auf die Votivtafeln hingewiesen wird, während sie später so zahlreich werden, daß sie nicht mehr eigens erwähnt werden. Angesichts des großen Einzugsbereichs der Wallfahrt und ihrer »inneren« Bedeutung ist die Vernichtung der Votive im 19. Jahrhundert besonders zu bedauern. Es ist schwer, sich die Kirche heute von unten bis oben mit Votivtafeln behangen vorzustellen. Ihr Fehlen erleichtert eine ästhetische Begegnung mit dem Kirchenbau, es erschwert das Verständnis für die Wallfahrt.

*Abb. S. 110* Durch einen glücklichen Zufall ist ein einziges »normales« Votivbild des 18. Jahrhunderts der Vernichtung entgangen. Es ist sogar das älteste überhaupt, da es 1743 gemalt wurde, also noch vor der offiziellen Anerkennung der Wallfahrt. Das Bild – in schlechtem Zustand und recht primitiv gemalt und gefertigt – gehört mit seinen drei Bildelementen nicht ganz zu dem »klassischen« Typ des Votivbilds. Die überirdische Macht wird in der Gestalt des Wiesheilands rechts oben anschaulich vergegenwärtigt. Die Wolken, auf denen er steht und die hellere Farbgebung trennen die göttliche Sphäre von der irdischen; das Gnadenbild gehört beiden an. Das zweite Element der »Syntax« des klassischen Votivbilds, der Votant, ist nicht abgebildet; auf ihn weisen die kaum mehr lesbaren Initialen neben der Jahreszahl 1743. Das »Geschehen«, der Grund des Verlöbnisses, ist klar: es handelt sich um »Hülff in Vieh«. Leider gehört diese frühe Tafel zu jenen, die ohne einen schriftlichen Bericht aufgehängt wurde, so daß eine Identifizierung des Votanten über das Gnadenbüchlein von 1746 nicht möglich ist. Das vierte Element, die schriftliche Information, beschränkt sich auf Ex Voto, Jahreszahl und Initialen.

Auf die Vielfalt der Anliegen und Personen, die auf den frühen Bildern dargestellt waren, weisen die beiden Tafeln hin, die im Vorraum der Kirche hängen. Man hat sie nicht ganz treffend »Legendentafeln« genannt. Es handelt sich um Zusammenstellungen von Gnaden in einer künstlerisch sehr gelungenen Form, zu der bisher keine direkten Entsprechungen bekannt sind. Diese Sammelvotivbilder erscheinen im Rahmen einer Scheinarchitektur, die Durchblicke auf jeweils verschiedene kirchliche und profane Innenräume und auf Landschaften gestattet, in denen sich die Votanten im Gebet knieend aufhalten. Die näheren Umstände ihres Verlöbnisses sind angedeutet (Krücken, Nasenbluten, Viehherde, Gefängnis, brennende Stadt, Krankenbett, Sterbekreuz in Händen des Schwerkranken) und die Votanten durch ihre Tracht als Schweizer, Bauern, Bürger typisiert. Der Name ist nur in drei Fällen (»Johan Haffl und sein Haußfrau« – »Antonius Garm« – »Johan Georg von Fulderfen«) festgehalten, der Herkunftsort fünf Mal: »von der Herschaft pregentz – aus dem Gueth lingenau« – »von offendingen auß Breisgau« – »auß der Schweitz« – »von geresheim auß dem Maynzischen« – »von Solothurn« und weist damit auf die weit entfernte Herkunft der Pilger hin. An Daten werden die Jahre »1757« und »1760« genannt, was eine Entstehung der Tafeln ab 1760 beweist. Alle Einzeldarstellungen beziehen sich in der Haltung der betenden Votanten auf das Gnadenbild des geißelten Heilands, das in der oberen Mitte in einer halbrunden Muschelnische steht, und von dem Gnadenstrahlen zu den Betern ausgehen. Diese Nische ist durch ihren reichgeschwungenen Umriß, der nicht die Nische des Gnadenaltars kopiert, sondern an die Form der Fenster der Kirche erinnert und durch besondere Sorgfalt im ornamentalen Schmuck hervorgehoben.

*Abb. S. 110*

Ein Votivbild besonderer Art ist das von Dominikus Zimmermann selbst zum Dank für die glückliche Vollendung der Kirche gemalte Bild. Darauf weist die Jahreszahl 1757 hin, die auch in Glockenturm eingeschnitzt ist, und im selben Jahr hat sich Zimmermann auch als Mitglied der Bruderschaft einschreiben lassen. Sein Votivbild entspricht dem klassischen Typus: Zimmermann kniet als Votant im Gewand des Bürgermeisters von Landsberg im Vordergrund, das Überirdische erscheint in Gestalt des Wiesheilands, zu dem Heilige treten,

*Abb. S. 171*

*Votivbild von Dominikus Zimmermann anläßlich der Vollendung der Wieskirche, 1757; Öl auf Leinwand, 102 × 74 cm (Wallfahrtskuratie Wies, Kat. 102)*

nämlich einige der Vierzehn Nothelfer und der hl. Dominikus als Namenspatron.

Das »Geschehen«, der Anlaß des Verlobens, ist die Wieskirche selbst, eine feinsinnige Abwandlung des üblichen Schemas ins Geistige hinüber: der Baumeister hat an seinem großen Werk »gelitten« und er bedurfte der göttlichen Hilfe zu seiner glücklichen Vollendung. Daß im Garten des Hauses Sohn und Schwiegertochter, die Wiesbäuerin Maria Lori, spazierengehen, ist eher ein gemütsvoller Zug als Staffage.

Aus dem 19. Jahrhundert sind noch 16 Bilder in der Wies erhalten, hinzu kommen noch drei Votivtafeln mit Dingen und Gebilden, sowie eine gestickte Schrifttafel. Die Votivbilder zeigen keine außergewöhnlichen Züge; erwähnenswert ist, daß auf allen Bildern der Wiesheiland seitenrichtig dargestellt ist, während bei den Filialwallfahrten seitenverkehrte Darstellungen nach Stichvorlagen nicht selten vorkommen. Die Darstellung des Gnadenbilds auf oder in Wolken überwiegt, doch ist auch die an anderen Orten häufige Darstellung in der Nische nach dem Vorbild verschiedener Andachtsbilder zu belegen. Bemerkenswert ist bei manchen Bildern eine biedermeierliche Treue bei der Detailschilderung und das Auftauchen einer realistischeren Landschaftsschilderung als im 18. Jahrhundert. Das Votivbild der Katharina Braun von 1855 bietet zugleich ein *Abb. S. 110* Beispiel für die Kombination des Gnadenbildes mit einem anderen Heiligen, in diesem Fall der Namenspatronin, bei Filialwallfahrten häufig mit dem Gnadenbild eines anderen Wallfahrtsortes. Die Vorhangdraperie und die Textgestaltung sind ebenso traditionell wie die Anordnung des Gnadenbildes. Die Abbildung der Wieskirche im Hintergrund ist dagegen eher ein »moderner« Zug.

Die gestickte Votivtafel der Gutsbesitzerstochter aus Schildschwaig von 1893 hat eine Reihe von direkten und weniger direkten Parallelen. Es ist vermutlich kein Zufall, daß vom Ende des 19. Jahrhunderts bis zur Zeit nach dem zweiten Weltkrieg kein einziges wirkliches Votiv*bild* überliefert ist, sondern nur *Schrift*tafeln. Die Tradition des Votivbildmalens, die ja nicht im Atelier des Künstlers, sondern in der Stube des Handwerkers beheimatet war, ist gegen das Jahrhundertende abgerissen und erst in unserer Zeit wieder entdeckt worden, wenn auch mit wechselndem Erfolg. Zu dieser Tradition gehörte mehr als die Kenntnis der Maltechniken die Kenntnis der »Syntax» des Gnadenbildes, wie L. Kriss-Rettenbeck es nennt. Auch ein Schwund des Bewußtseins, daß die »Promulgation« eigentlich eine Namennennung des Votanten erfordert, scheint einzusetzen. Die Fälle, in denen nur Initialen angebracht werden, häufen sich, und schließlich erscheinen viele namenlose Gelübdezeichen. Es darf allerdings nicht übersehen werden, daß manche Bilder und Schrifttafeln oder Täfelchen von heute auf der Rückseite einen Namenszug tragen. Vielleicht will auch ein moderner Mensch sich nicht durch seine Namennennung bei dem Votiv »vordrängen«? Die modernen »Verkündzettel«, die heute zwar nicht jeden Tag, wohl aber mindestens jede Woche im Umgang der Wieskirche hingelegt werden, unterscheiden sich häufig auch noch in einem weiteren Zug von denen des

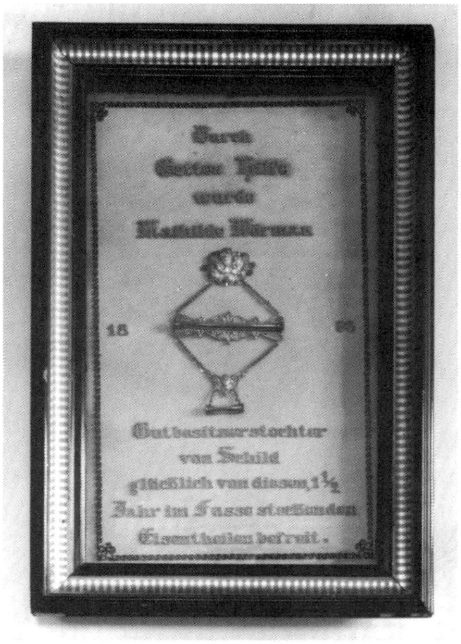

*Gesticktes Votivbild, 1893; 53,5 × 37,5 cm (Wallfahrtskuratie Wies, Kat. 056)*

*Umgang der Wieskirche mit Verkündzetteln (1979)*

18. Jahrhunderts, indem sie nur allgemein den Dank aussprechen, ohne das besondere Anliegen zu nennen, in dem geholfen wurde.

Die jüngste Zeit läßt ein deutliches Ansteigen von Ex Voto Zeichen gleich welcher Art erkennen. Unter diesen befinden sich ästhetisch und auch religiös zumindest seltsame Dinge: Farbpostkarten von Heiligen, die nichts mit der Wies zu tun haben, finden sich ebenso wie scheußliche Kleinplastiken von Dürers »Händen«, einfache Holzkreuze werden ebenso dargebracht wie eine silberne Rose oder ein neusilbernes Väschen. Spott über diesen religiösen Kitsch ist nicht schwer; der Versuch, dieses Phänomen zu verstehen, ist schwerer und wichtiger. Es ist zunächst auf die Unsicherheit unseres Jahrhunderts gegenüber dem Bild hinzuweisen. Trotz und zugleich wegen der Bilderflut, die täglich über uns hereinbricht, ist die Rolle des einzelnen Bildes unklar. Ein Bild wird vornehmlich als direkte Abbildung verstanden oder im anderen Extrem als Abstraktion. Der Zeichencharakter dagegen, daß ein Bild in seinen Elementen zugleich anschaulich sein kann und auf etwas außerhalb des Bildes verweist, daß es also eine konventionell verstehbare Bedeutung hat wie ein Wort der Sprache des Menschen, dieser Zeichencharakter ist weitgehend geschwunden. In solcher Bildnot gewinnt das schriftliche Zeugnis naturgemäß größeres Gewicht. Es darf aber auch hier nicht übersehen werden, daß »potentiellen Votanten, Devotanten, Bittstellern und Dankenden . . . keine Form und kein Material zur Nachahmung vorgegeben« ist (Kriss-Rettenbeck: Ex Voto). Eine Zeit, die das Individuelle

*Anberührte Kopie des Wiesheilands, 1756, St. Peter, München, Größe der Figur 155 cm (früher Friedhofskapelle; Kat. 1007)*

preist, auch wenn das Verhalten der meisten Zeitgenossen in Wirklichkeit hochgradig schematisiert ist, stellt sich lieber nicht explizit dem Problem des Typischen, kann nicht bewußt Lebens- und Handlungsschemata anbieten, und erschwert dadurch das Leben beträchtlich. Das läßt sich auch am Beispiel der Ex Voto zeigen: der »romanische« Typ der immer gleichen Marmortafel, in die der Dank stereotyp eingefräst wird (in der Wieskirche gibt es ein paar Belege), ist für den Kunstfreund wenig ansprechend und steht im Widerspruch zur modernen Individualsucht. So bleibt ein Vakuum, das viele sich nicht trauen zu füllen. Es darf dabei auch nicht übersehen werden, daß die schriftliche Bezeugung der erhaltenen Gnade, ja der bloßen Anwesenheit an der Gnadenstätte älter ist als jedes Bildzeugnis. Hierher gehören die Initialen in den Kirchenbänken ebenso wie die Graffiti, die sich in vielen Kirchen finden. In der Wieskirche gibt es solche Kritzeleien innerhalb des Kirchenraumes nicht (nicht mehr?); wohl aber finden sich eine ganze Reihe von Inschriften an den Balken des Dachstuhls, und zwar seit dem frühen 19. Jahrhundert. Gewiß, die Mehrzahl ist faktischer Art und gibt nicht mehr als Namen und Datum. Einige aber verdienen als Zeugnisse religiöser Haltung vollständig zitiert zu werden, wie die oben (S. 96) bereits angeführte *Abb. S. 183*
Inschrift des Rekruten Martin Gez aus Musau. Die beiden folgenden stammen von Bewohnern des Weilers Riesen, in dem ein gegeißelter Heiland in einer Kapelle stand: »Hier will ich im Hause Gottes [bleiben?] und hier habe ich meine Wohnung. Johann Martin Ringg von Riesen 1852.« Im nächsten Jahr ist Ringg wieder in der Wies beschäftigt und beginnt seine Arbeit mit einer neuen Inschrift:

129 *Wiesheiland, 1746; Geschenk des Abtes Marianus Mayer an das Kloster Gnadenthal. Größe der Figur 140 cm. (Ingolstadt, Oberbayern; Kat. 1004.2)*

»Friedlich will ich jetzt mein Arbeiten anfangen im Namen der allerheiligsten Dreifaltigkeit Gott Vater, Gott Sohn und Gott Hl. Geist und im Namen Jesus Maria und Joseph 1853.« Aus Riesen stammt auch Thomas Schwaiger, der 1857 folgendes schreibt: »Hier ist das Gottes Haus, wer nicht arbeiten und beten will, der bleibe draus, geschrieben im Jahr wo ich wieder fleißig war.«
Wenn auch die schriftlichen Zeugnisse heute überwiegen (die mit einer Banderole versehenen Kerzen sind hier ebenfalls noch zu nennen), so darf doch nicht übersehen werden, daß es auch ein paar Beispiele für überzeugende, richtig empfundene und in ihrer Art richtig gestaltete, neue Votivbilder gibt. Das Prüfungs-Ex-Voto von 1976 sei als Beispiel genannt und das moderne Hinterglasbild, das dem Gegeißelten Heiland für die Genesung eines Kindes von einer schweren Blutkrankheit Dank sagt. *Abb. S. 110f.*
Die Untersuchung der Geschichte der Wieswallfahrt wird erschwert durch die Tatsache, daß die meisten alten Zeugnisse in der Wies vernichtet worden sind. Die Untersuchung der Ausbreitung der Wallfahrt ist schwierig, weil das Material weit verstreut ist und bisher eher zufällig bekannt als systematisch gesammelt worden ist.
Martin Seelos aus Böhmen, der eine Kopie des Gnadenbilds über 500 Kilometer nachhause trägt, ist untypisch nur in bezug auf die Entfernung. Der Wallfahrer möchte etwas daheim haben zur Erinnerung an die Wallfahrt und zur Andacht, die ja auch ein Er-Innern ist. Die wichtigsten Zeugnisse der Verehrung sind die Kopien des Gnadenbildes, die Andachtsbilder und die Wallfahrtsmedaillen, wobei freilich die erstgenannten eine weit größere Chance des Überdauerns haben, so daß die uns überkommenen Belege weder die ursprünglich vorhandenen Zahlen noch ihre genaue Verbreitung spiegeln. *Abb. S. 140*
Kopien des Gnadenbildes gibt es in vielerlei Größe und aus ganz verschiedenem Material. Das Original ist »bey nahe fünffhalb Werck-Schuhe hoch«, nämlich 125 cm. Lebensgroße Nachbildungen sind selten.
Schon durch ihre Größe unterscheiden sich die meisten Kopien des Wiesheilands von anderen Geißelungsdarstellungen, nicht zuletzt vom Kerker- und Schulterwundenchristus, bei dem unterlebensgroße Darstellungen selten, kleine plastische Nachbildungen fast nicht nachzuweisen sind. Die meisten sind aus Holz geschnitzt, die kleinen Figuren, die sogenannten »Wiesherrle« oft in sehr grober Manier. Kaschierte Figuren, also genaue Nachahmungen auch im Material, sind selten (z. B. in Schluderns in Südtirol). Der Realismus der Figuren wird zuweilen durch die Verwendung von Glasaugen gesteigert (z. B. in Untergammenried, Lkr. Mindelheim), vor allem aber haben manche Kopien echtes Haar, eine Technik, die zum Ende des 18. Jahrhunderts verboten wurde, wohl wegen der angeblichen Wunder wachsender Haupt- und Barthaare. Die Figur in Wall (Lkr. Miesbach) ist besonders bemerkenswert, trägt sie doch das geopferte Hauptthaar eines zum Tode verurteilten Wilderers.
Von einer Gruppe von Kopien, den irdenen, wissen wir aus einem Bericht in dem ersten Gnadenbüchlein. Unter Nr. 296 heißt es, daß ein Gnädiger Herr Prälat

*Anberührte Kopie des Wiesheilands, 1750, Größe der Figur ca. 80 cm. (Ehem. Kollegiatstift St. Ulrich, Habach, Oberbayern, Kat. 1228)*

von allen Arzneien keine Hilf erlangte »bis er eine von einem kleinen Erdenen an dem Gnaden-Bild des gegeißleten Jesu in der Wiß anberührten Statuen oder Bildlein abgeschabene Erden eingenommen habe, worauf sich die Schmertzen gelegt«. Wohl sind einige Model für Figuren des Wiesheilands überliefert (für Wachs und Ton?), doch keine tönerne Figur ist in dem bisher bekannten Material aufgetaucht: ob alle diese Tonfiguren abgeschabt und aufgegessen worden sind?

Der Bericht über die irdene Kopie zeigt zugleich, worauf es vielen Wallfahrern ankam: die Figur, auch das kleine Andachtsbild, sollte am Gnadenbild »berührt« worden sein. Solches Berühren ist weit verbreitet, das Essen des abgeschabten Tons mag seine Intensivierung sein. Das Berühren geht auf die Vorstellung zurück, daß dem Leichnam eines Heiligen geheime Kräfte innewohnen; diese gehen auf alles über, was die Gebeine berührt hat, und ähnlich glaubte man an die Übertragbarkeit der Gnadenkraft des Kultbildes durch das Berühren, wobei sowohl an das Berühren durch den Wallfahrer, wie an das von Devotionalien zu erinnern ist. Über dies Berühren wurden an der Gnadenstätte Bestätigungen ausgestellt oder gar Siegel an der Figur angebracht. Für die Jahre 1756 bis 1778 ist eine Aufstellung der Wallfahrtspriester überliefert, in der an die 200 Kopien des Gnadenbildes verzeichnet sind, die anberührt wurden: »Am 17. July 1759 ist ein große Bildnuß des gegeißleten Heylandts berihret worden umb in eine Capellen zu Holzen ohnweit Weissenhorn gesetzet zu werden«. – »Den 12. Januar 1768 ist eine Statue des gegeißelten Heilands so in der größe dasigem Gnadenbild ganz ähnlich, an diesem anberühret worden, um in einer neuerbauten Kirchen auf dem Berg Calfari zu St. Radigund an dem Schöckel nächst Grätz auf eigenen Altar übersetzt und aufgestellet zu werden.« – Die Liste gibt zugleich Aufschluß über die Verbreitung der Verehrung des Wiesheilands, von Nîmes im Westen bis Neurode in Schlesien im Osten. Einen Einblick in Anlaß und Durchführung solcher Berührungen geben die 31 Anträge, die sich für die Zeit von 1749 bis 1757 im Original erhalten haben. Es sind teils Bitten um Lieferung einer Kopie, teils Beglaubigungsschreiben für die Überbringer von solchen, die auf der Wies angerührt werden sollen. Einige sind in ungelenkem Dialekt, andere in elegantem Latein verfaßt, nahezu alle von den zuständigen Ortsgeistlichen. Aber auch der Verwalter des Churfürstl. Hofkrankenhauses zu »Giesing negst München« schickt eine Kopie zum Berühren, und zwar wird sich dafür »die Hofkrankenhaus Köchin nebst Leß-Lassung einer Hl. Messe und gebührentem opfer im Stock« erkenntlich zeigen (24. 8. 1753). Ein Pater aus Niederösterreich ersucht »ganz unterthänig die Bildnus an der wahren Gnaden reichen Bildnus des gegeisleten Heylands in der Wiß anzurühren, zu welcher eine sonderbahr Andacht trage . . .« (Brief 28 o. D.). Aus dem Schreiben des Pfarrers J.G.I. Rieger aus Haselbach vom 7. 3. 1750 erfahren wir, daß er im Jahr zuvor eine Wallfahrt zur Wies gemacht hat und daher weiß, daß der Bruder des dortigen Kirchdieners Kopien des Gnadenbilds verkauft: »der überbringer dieses wird die Unkosten desselben gleich bezahlen«. Wenn kein Bild vorrätig sein sollte, bittet er wenig-

*Abb. S. 134*

*Abb. S. 137*

*Anberührte Kopie des Wiesheilands mit Siegel der Wieskirche. Mitte 18. Jahrhundert; Größe der Figur 40 cm (Kloster Marienburg, Abenberg, Mittelfranken, Kat. 1782)*

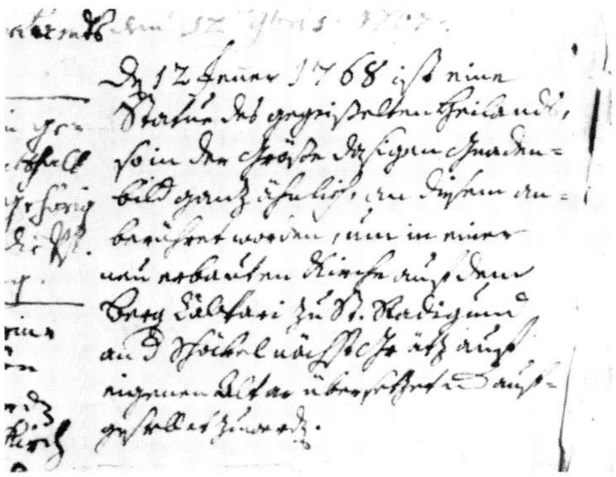

*Eintrag über die Anberührung*
*im »Hauptbuch« der Wies*
*vom 12. Januar 1768*
*(Wallfahrtskuratie Wies)*

*Bestätigung der Anberührung durch Abt Marianus Mayer*
*(Kalvarienbergkirche, St. Radegund)*

*Anberührte Kopie des Wiesheilands, 1768; Größe der Figur 135 cm. (Kalvarienbergkirche, St. Radegund am Schöckl, Steiermark, Kat. 2223)*

stens um eines nach Ostern, »welches ich durch einen Expressum gleich darnach abholen ließ, . . . maßen ich solches in einer Neben Capell in der Pfarr einsötzen wolte, damit wenigist dieienige, welche ein solche waitte Raiß eintweders aus Mangel der Unkösten oder alters halber dorthin nit verrichten können, ihre andacht alhier verrichten kunten, . . .« In einem anderen Fall haben »meine Pfarr Kinder die Bildnus, . . . mir mit der bitt ybergeben, das ich selbe in dem Pfarr Gottshaus S.Vigilii . . . mechte beysezen lassen . . .« (5. 10. 1750 Kirchdorf, Lkr. Bad Aibling). Der Wallfahrtspater vermerkt auf dem Anschreiben die Erledigung des Wunsches: »publice in altari expositur«, »öffentlich auf dem Altar ausgestellt« – wodurch wir zugleich wenigstens etwas über den Weihevorgang erfahren, da über den Akt der Berührung sonst nichts ermittelt werden konnte. Auf einem anderen Brief (17. 7. 1750) wird vermerkt, daß er nach Erledigung in dem entsprechenden Ordner »Attestationes de Imaginibus Christi Flag. attactis, et publice in altari expositis« abzulegen sei; es ist dies wiederum ein guter Beleg für die sorgfältige Buchführung der Steingadener. In einigen Fällen ist die Figur, die berührt werden sollte, noch heute vorhanden, nämlich in der Steinwegkapelle in Regensburg, die damals zu Ehren des Gegeißelten Heilands neu erbaut worden war (Brief vom 30. 9. 1752), im Heiliggeistspital zu Eichstätt, in der Münchner Peterskirche und in St. Radegund in der Steiermark. *Abb. S. 128*

An dem Phänomen des Berührens zeigt sich zugleich, daß der Grad der »Echtheit« einer Kopie nicht von der Exaktheit der Nachahmung des Originals abhängt. Die Abbildungen zeigen in der Tat ganz verschiedene Gestaltung im einzelnen. Trotzdem ist es im allgemeinen nicht schwer, eine Wieskopie zu erkennen, da wenigstens einige der Formelemente des Originals mit großer Regelmäßigkeit allein oder in Kombination wiederkehren, am häufigsten wohl die etwas geknickte Haltung der Figur (im Gegensatz zum aufrechten österreichischen Typus neben der Säule), die »offene« Haltung der Hände oder die Armschellen, die sich oft auch dann finden, wenn keine Nische, kein Schrein die Möglichkeit bietet, die Fesselung der Figur getreu nachzubilden. Noch ganz winzige Figürchen werden durch das individuelle Attribut der Halskette als Wiesheiland gekennzeichnet.

Von der Herstellung der Kopien wissen wir wenig, ebensowenig über ihren Vertrieb. Man darf annehmen, daß die Oberammergauer Schnitzer wesentlich an der Produktion beteiligt waren. Kleine Andachtsfiguren (und andere Figuren) wurden in Oberammergau nach Körben verkauft, und tatsächlich lassen sich Spuren der Massenfertigung feststellen, wenn die Geißelungssäule aus Sparsamkeitsgründen halbiert wird, um für zwei Darstellungen zu dienen (meist im Schrein, damit keine Seitenansicht die Sparsamkeit sehen läßt). Überraschend ist es, daß bisher noch kein einziger Fall einer Doublette nachgewiesen wurde, was entweder auf eine – unwahrscheinliche – Individualität der Arbeiten verweist oder auf eine starke Reduzierung eines ursprünglich riesigen Bestandes. Daß Kopien des Wiesheilands auch an anderen Orten hergestellt wurden, ergibt sich aus ihrer engen Anlehnung an grafische Vorbilder, aber auch aus einzelnen

*Anberührte Kopie des Wiesheilands aus der Kapelle vor der Dreifaltigkeitskirche, 1752; Größe der Figur 100 cm. (Jetzt in der 1980 erbauten Werktagskapelle der Pfarrei Regensburg-Steinweg Kat. 1439)*

*Antrag auf Berührung des Wiesheilands von Steinweg vom 30. 9. 1752 (Wallfahrtkuratie Wies)*

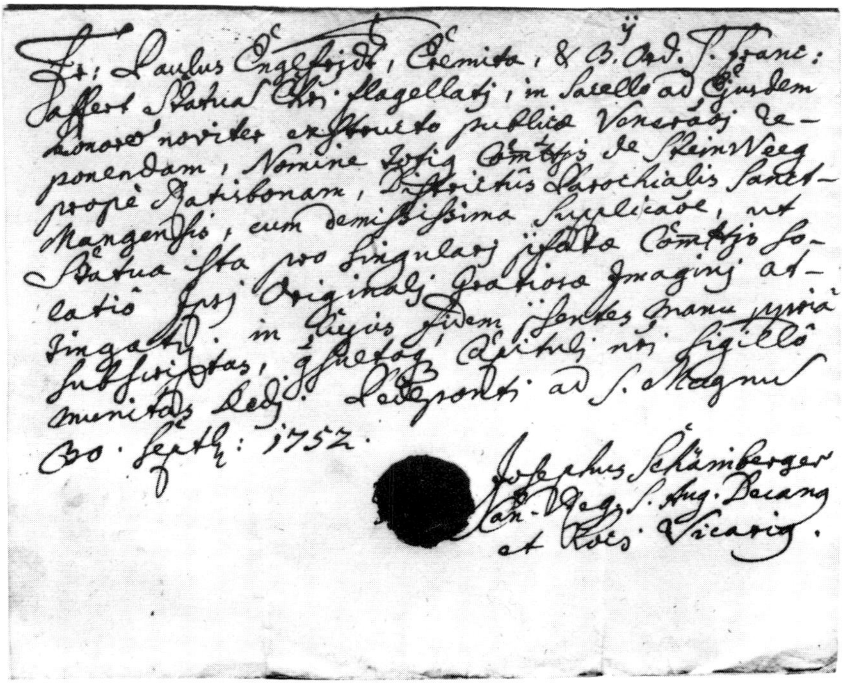

Fr: Paulus Engelschidt, Eremita, & 3. Ord. S. Franc:
offert Statuam Chri. flagellati, in Sacello ad eundem
honorem noviter exstructo publicae Venerationi ex-
ponendam, Nomine totius Comitatus de SteinWeeg
prope Ratisbonam, Districtus Parochialis Sanct-
Mangensis, cum demississima supplicatione, ut
Statua ista pro singulari ipsius Comitatus so-
latio Ipsi Originali Gratiosae Imagini at-
tingatur. in cujus fidem praesentes manu propria
subscriptas, eiusque Capituli nostri sigillo
munitas dedi. Pedeponti ad S. Magnum
30. Septb: 1752.

Josephus Schämberger
Can. Reg. S. Aug. Decanus
et Loci Vicarius.

Berichten. Besonders instruktiv ist das Beispiel von Waldkirchen im Landkreis Wolfstein. Der dortige Pfarrer Johann Anton Loraghi berichtet im Jahr 1751: »Nachdem ich durch den hiesigen Bildhauer Franz Lenberger das Bildnis habe anfertigen lassen, ließ ich dasselbe fassen, sodann schickte ich das Bildnis sogleich hinauf in die Wiese mit einem Bittschreiben an dasigen Herrn Pater Superiorem, daß er dasselbe benedizieren und an das wundertätige Originalbildnis anberühren möchte, welches von selbem ganz billig und richtig geschehen, wie das beiliegende gut gefertigte Attestatum Zeugnis gibt.«

Der größte Teil der Kopien ist als Volkskunst zu bezeichnen, doch haben auch hervorragende Künstler Kopien des Gnadenbildes gefertigt und im Rahmen des Typus individuelle Kunstwerke von hohem Rang geschaffen, so Anton Sturm für Roggenburg, die Straubwerkstatt für Reisach, oder Bossi für Werneck. Auch Ignaz Günther hat 1754 einen 70 cm großen Wiesheiland geschnitzt. Eine kleine Gruppe von Kopien ist aus Wachs; vielleicht darf man sie alle als Klosterarbeiten ansprechen; sicher ist das der Fall bei einem kleinen Schrein im Regensburger Stadtmuseum, vermutlich auch bei einem »Eingricht« in Kempten. Wachsarbeiten halten sich naturgemäß nicht lange; die Existenz von Modeln erweist sie für frühere Zeiten. In neuester Zeit wird die alte Wachskunst wiederbelebt, sei es durch Abgüsse von alten Modeln, sei es durch neue Gestaltungen. Für die Wies gibt es einen sehr geglückten modernen Model von 1954. Kleinfigurige Kopien des Wiesheilands sind vor allem die kleinen Zinnfiguren, die in Diessen hergestellt wurden und deren Model bis heute erhalten geblieben sind. Auch die kleinen Anhänger aus Zinn, die heute noch zu haben sind, gehören hierher. An einigen Orten sind Silbervotive mit der Figur des Wiesheilands überliefert. Ob diese aus Einzel- oder Serienfertigung hervorgegangen sind, läßt sich angesichts der kleinen Zahl bisher schwer entscheiden. Die kleinsten Nachbildungen sind jene, die in entsprechende Aussparungen von kleinen Holzkreuzen eingefügt wurden. Bisher sind von diesen erst zwei Beispiele gefunden worden.

*Abb. S. 157*

*Abb. S. 107*

Eine letzte Gruppe der figürlichen Darstellung sind die Wallfahrtsmedaillen, deren Abgrenzung von den oben erwähnten Anhängern sich vielleicht durch die Inschriften ergibt, die an den Medaillen nie fehlt. Ein zweites Charakteristikum der Medaille ist es, daß sie in der Regel auf der Vorder- und Rückseite die Abbildung eines Gnadenbildes trägt. Wallfahrtsmedaillen gehören zu den ältesten Pilgerzeichen. Im Mittelalter wurden sie aus Blei oder Zinn gegossen, bis zum 18. Jahrhundert erreichte ihre künstlerische Gestaltung eine beträchtliche Höhe. Eine Wallfahrtsmedaille der Wies aus Messing hatte der Wallfahrer auf dem Hut, die einer Frau in Kindsnöten umgehängt wurde (s. o. S. 78, 94).

*Abb. S. 140*

Der Wiesheiland wird mit zahlreichen anderen Gnadenbildern kombiniert, so mit denen von Andechs, Dorfen und Tuntenhausen. Vielfach belegt ist die Kombination mit der Ettaler Muttergottes und einmal mit der von Ilgen, aber auch Mariazell findet sich mit dem Wiesheiland. Vermutlich ist der Wiesheiland im 18. Jahrhundert das am häufigsten abgebildete Gnadenbild auf Medaillen, zumindest im süddeutschen Raum.

139 *Wiesheiland von Ignaz Günther, signiert und datiert 1754 (Privatbesitz, Kat. 1995.3)*

*Rosenkranzanhänger*

*Medaille mit Wiesheiland und drei Pilgern, Bronze, Höhe 3,5 cm (Privatbesitz, Kat. 647)*

*Kapelle zum Stöcklvater, Mühlbach bei Brixen (Südtirol). Das Fresko an der Außenwand der Kapelle ist eine Kopie des Titelkupfers des zweiten Gnadenbüchleins (Kat. 2258)*

*Lüftlmalerei am Haus Wiedemann (zum Nußler), Unterammergau (Oberbayern, Kat. 1117)*

*Fresko, Hochstraße 7, Mittenwald (Oberbayern, Kat. 1102)*

*Altarblatt der Kapelle in der Truiergasse, Tarrenz (Tirol, Kat. 2071.3), nach dem Vorbild eines kleinen Andachtsbildes (Privatbesitz, Kat. 446.1)*

Die Darstellung des Wiesheilands auf Bildern und Fresken ist nicht sehr häufig. *Abb. S. 142*
Fresken finden sich vornehmlich in der näheren Umgebung der Wies, wie in Wildsteig oder in Unter- und Oberammergau. Von den beiden Fresken in Südtirol geht das beim Stöcklvater auf den Kupferstich des zweiten Gnadenbüchleins zurück; *Abb. S. 141* das früher in Graun am Reschenpaß, jetzt im Bozener Museum befindliche Bild ist wahrscheinlich nach einem kleinen Andachtsbild gemalt. Große Ölbilder sind selten; zu erwähnen sind ein ehemaliges Altarblatt aus dem Innviertel im Museum Burghausen, ein Bild in Thürnthenning (Lkr. Dingolfing), *Abb. S. 48* einige Bilder in schwäbischen Kapellen und die Gemälde in Tarrenz (Tirol), *Abb. S. 143* Bozen und Treffling in Kärnten.

Von einem unvergleichlich viel größeren ursprünglichen Bestand muß man dagegen bei der Druckgrafik ausgehen. Auch hier ist mit großen Verlusten zu rechnen und man kann nicht einmal erwarten, daß wenigstens von jedem der verschiedenen Blätter ein Exemplar erhalten ist. Unter den bisher bekannt gewordenen Bildern finden sich fast keine Doubletten. Über die Rolle der kleinen Andachtsbilder im Wallfahrtsbrauchtum wurde schon gesprochen. Ihr Format erlaubt es, sie daheim in das Gebetbuch zu stecken. Die kleinen Andachtsbilder sind mit und ohne Gebetstext gedruckt worden.

*Vorzeichungen für Kupferstiche, Tusche auf Papier, 18. Jahrhundert; Blattgrößen 16–18 × 9,6–11 cm (Slg. Dr. Roth, Vierkirchen, Oberbayern; Kat. 471)*

Das Gnadenbild ist in der Mehrzahl der Fälle in einer Nische abgebildet, mit und ohne begrenzende Säulenstellung und häufig einem Gebälk. Die Nische hat vielleicht ihren Ursprung in der ersten Aufstellung in der alten Wieskapelle, oder gar schon in der Rahmung der Tragfigur bei der Prozession. Das Vorbild vieler Stiche dürfte das Titelkupfer des zweiten Gnadenbüchleins von 1748 sein; beim Stöcklvater in der Mühlbacher Klause ist es ja sehr genau nachgebildet worden. Daß zum Wiesheiland von Anfang an diese Nische gehört, ergibt sich auch aus dem Übertragungsbild und aus der Aedicula der Tragfigur der Bruderschaft. Die Nische der jetzigen Kirche erscheint auf einem Blatt ornamental aufgelöst in eine Kette von C-Bögen, während der strenge, architektonische Typ wohl der ältere sein dürfte. Einige Exemplare eines kleinen Andachtsbildes sind auf Seide gedruckt.

Die zweite Gruppe – wenn man von den Titelkupfern absieht – stellen die großen Blätter dar, die eine Größe von 23 × 26,5 cm erreichen. *Abb. S. 54, 114* Sie sind zum Teil reicher mit Gebettexten oder Bibelzitaten ausgestaltet. Darstellungen der Kirche finden sich auf großen und kleinen Andachtsbildern. Bei einigen Filialwallfahrten werden stattdessen die neuen Gnadenorte eingefügt.

Mit der Gründung der Bruderschaft zum Gegeißelten Heiland werden natürlich auch sogenannte Bruderschaftszettel gedruckt. Das Büchlein von 1779 spricht (S. 25) auch von »grossen Ablaßzetl«, welche bei der Wallfahrt allzeit zu haben seien, doch ist bisher keiner davon aufgetaucht. Ein ganz anderer Typ von Druck ist das Breverl, der gedruckte »Schutzbrief«, dessen Geschichte und Form allerdings erst unzureichend erforscht ist. Ein Breverl ist ein »Kompositamulett«, das mehrere Gebete, Kreuzdarstellungen, Heiligenbilder, Pflanzen und Samen zusammenfaßt und in Säckchen aus Brokat oder Seide eingenäht ist. Die Heili-

genbilder sind zu acht um ein Mittelfeld angeordnet. Der Wiesheiland ist oft auf solchen Breverln zu finden; in mehreren steht er in der Mitte.
Tritt bei den kleinen Andachtsbildern manchmal zum Bild die Inschrift oder das längere Gebet, so gibt es umgekehrt die Texte, die durch ein Bild ergänzt werden. Das ist der Fall bei einem niederösterreichischen Flugblattlied, das im Museum von Steyr erhalten ist. Auch hier wird eine im Holzschnitt vergröberte Darstellung des Gnadenbilds in Anlehnung an den Kupferstich aus der GNADENBLUM von 1748 verwendet. Es ist schwer zu entscheiden, ob die Lieder und Gebete, die zur Wieswallfahrt gehören, von dem ursprünglichen Gnadenort ausgehen, oder anderswo entstanden sind. Von poetischem Wert sind vielleicht das Wieslied (S. 84) und der Text, der in einer Feldkapelle bei Beilngries angeschrieben steht.

*Votivbildwand in der Friedhofskapelle Malching (Niederbayern)*

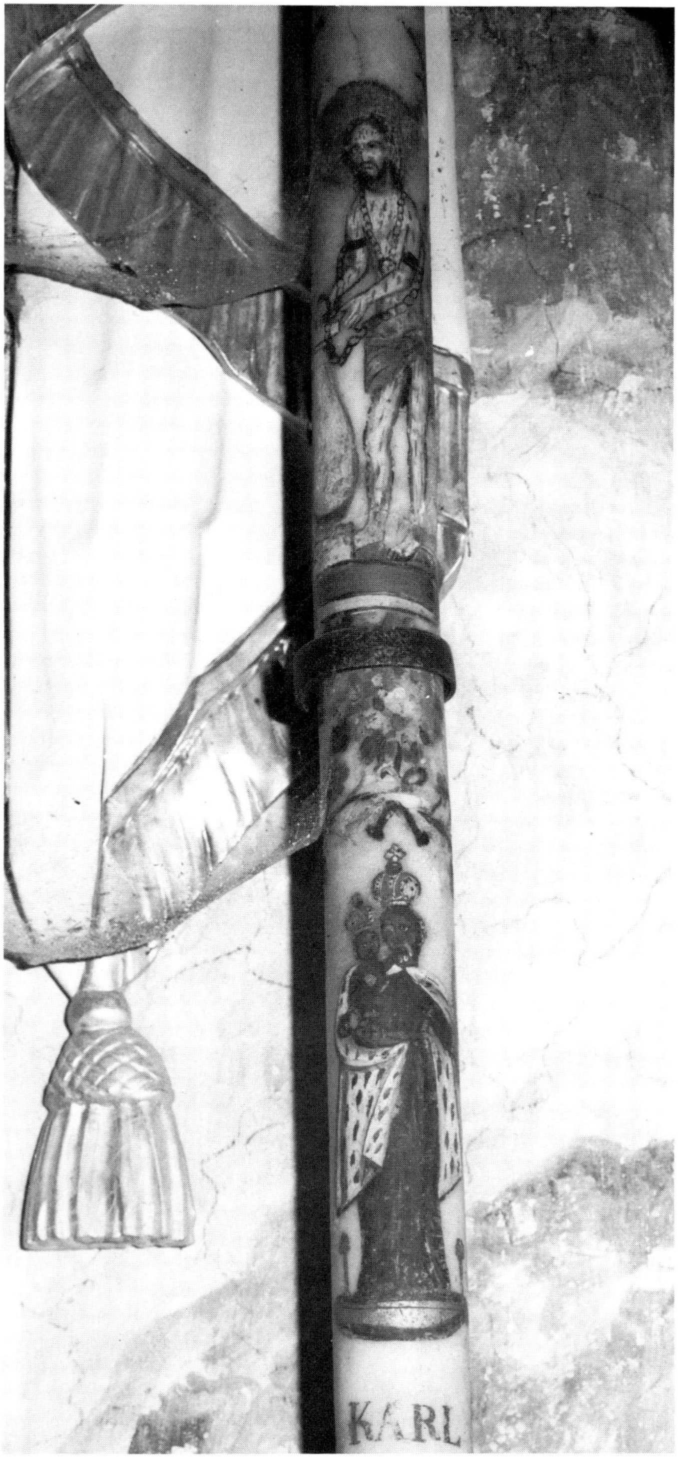


*Votivkerze mit Wiesheiland und Niedermuracher Marienfigur, 1783, Größe ca. 90 cm (Friedhofskapelle Niedermurach, Oberpfalz, Kat. 1545)*

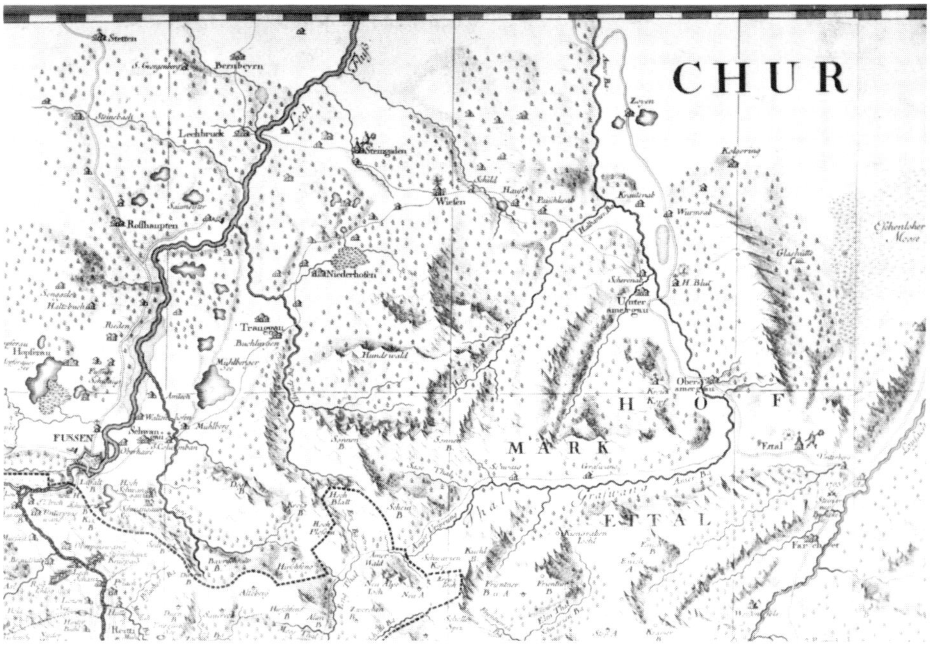


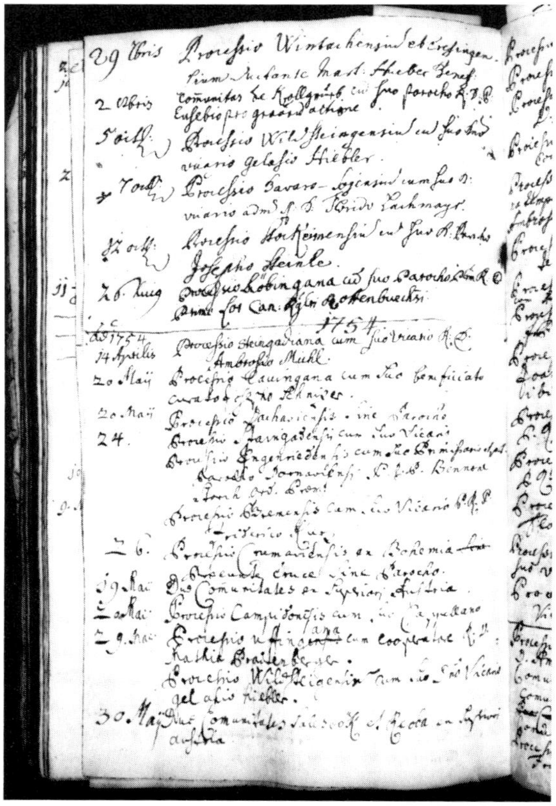

▲
*Ausschnitt aus der Karte von Tirol von Peter Anich, Wien 1774 (Universitätsbibliothek Augsburg)*

◀
*Prozessionsliste 1751 aus dem »Hauptbuch« (Wallfahrtskuratie Wies)*

# Die Verbreitung der Verehrung des Gegeißelten Heilands von der Wies

*Die sich durch dises Gnaden-Bild ausgebreitete Verehrung des Schmertzvollen Geheimnus der Geislung lasset sich aus deme schliessen, daß in vilen hundert Kirchen, aus sehr weit entlegenen Länderen, die Bildnuß des gegeisleten Heylands ausgestellet, vile Capellen aufgerichtet, und einige Kirchen neuauferbauet worden: Von denen Hauß-Capellen, aufgesetzten Bild-Saulen, und sonsten in denen Häusern zur Andacht vorgestellten Bildnussen, dero Zahl unbeschreiblich, nichts zu melden.*

Gnadenblum 1749, S. 5

Als Hauptquelle für die Untersuchung der Ausbreitung und des Einzugsgebietes einer Wallfahrt dienen die Mirakelbücher und die Votivbilder. Daneben geben die Mitgliedslisten von Bruderschaften und Listen von Gruppenwallfahrten guten Einblick in die geographische Verteilung der Verehrung eines Gnadenbildes. Schließlich sind die Kopien des Gnadenbildes ein wertvoller Hinweis auf ehemalige oder noch andauernde Verehrung.

Bei der Wieswallfahrt geben uns die Gnadenbüchlein für die ersten Jahre gute Auskunft. Von den fast 2000 Berichten lassen sich immerhin knapp 1400 mit recht großer Genauigkeit lokalisieren. Aber die Gnadenbüchlein lassen eben doch nur die Anfänge der Wallfahrt erkennen und ihr allmähliches Ausgreifen auf weiter entfernte Gegenden (s. o. S. 85f.).

Die Einträge der beiden erhaltenen Bruderschaftsbücher des 18. Jahrhunderts liefern ergänzende Informationen. Die Votivbilder fallen als Quelle aus. Für die neuere Zeit ließe sich durch eine Statistik der Autokennzeichen auf dem Parkplatz bei der Wies schnell das Einzugsgebiet feststellen – aber sie spiegeln nicht die Verbreitung der Wallfahrt, sondern die Struktur des europäischen und interkontinentalen Tourismus. Berichte über Wallfahrten zur Wies aus der zweiten Hälfte des 18. und dem 19. Jahrhundert sind überaus selten. Damit werden die Kopien des Gnadenbilds zur Hauptquelle, doch leider sind sie keine sprudelnde und reine Quelle. Ihrer systematischen Erfassung stehen mancherlei Schwierigkeiten im Weg. Das Gnadenbild ist künstlerisch wertlos; die Kunstdenkmäler von Oberbayern – und nicht nur sie – erwähnen es nicht einmal bei der Beschreibung der Kirche. Zwar werden in den späteren Bänden der Kunstdenkmäler von Bayern viele Kopien des Gnadenbildes erwähnt, jedoch nicht als solche und nicht, weil man sich plötzlich für die Volkskunst interessiert hätte, sondern weil eben eine vollständigere Inventarisierung versucht wurde. Trotzdem bleiben erstaunliche Lücken. Weit schwerer wiegt, daß die Verfasser der Kunstdenkmäler und der Kurzinventare sich auch nicht sehr für den Gegenstand der Wieswallfahrt interessiert zu haben scheinen. Weder versuchen sie eine genauere Abgrenzung der einzelnen Passionsszenen, noch interessieren sie sich für die Identifizierung einzelner Gnadenbilder an Hand von erkennbaren Formelementen wie Lendentuch, Fesselung usw. So kann aus den verwendeten Bezeichnungen nicht auf die Sache geschlossen werden; selbst hinter dem Ausdruck ›Wiesheiland‹ muß keineswegs ein mit dem Lendentuch bekleideter Christus an der niederen Geißelsäule stehen. Um es kurz zu machen: Für die Figur des Christus an der Geißelsäule kommen in der amtlichen Inventarisierung über 50 Bezeichnungen vor, ein beträchtlicher Teil davon für mehr als einen der Grundtypen. Damit bleibt nur ein Weg zu einer genaueren Abgrenzung: die fotografische Erfassung des gesamten potentiellen Materials. Im übrigen kann man nur die Augen offen halten, in jede Wegkapelle hineinschauen, und allen Bekannten und Verwandten auf die Nerven fallen mit der ständigen Bitte, das gleiche zu tun.

Wie repräsentativ ist das Ergebnis solcher Suche? Wenn man die gewonnenen Belege auf einer Karte einträgt, so bleiben die evangelischen Teile Bayerns begreiflicherweise fast leer. Insgesamt scheinen die Belege abzunehmen, je weiter man sich von der Wies entfernt, doch finden sich auch Stellen mit auffälliger Dichte der Belege. Diese aber lassen zwei grundverschiedene Interpretationen zu: So ist Häufung der Belege im Landkreis Rosenheim nicht der Reflex einer besonderen Wiesverehrung, sondern das Resultat der hervorragenden Inventarisierungsarbeiten von P.v. Bomhard. Es mag sein, daß auch in der Diözese Eichstätt die Belege ein Spiegel der intensiven Forschungsarbeiten von Fr. X. Buchner sind, obwohl hier eine spezifische und vielleicht gesteuerte Welle der Volksfrömmigkeit wahrscheinlicher ist. Die Belege um Bamberg ergeben sich zweifelsohne aus der besonderen Verehrung des Wiesheilands durch den Fürstbischof Graf Seinsheim, und ähnlich sind wohl kleinere Gruppen von eng *Abb. S. 184* beieinander liegenden Belegen wie z. B. bei Gelchsheim im Landkreis Ochsenfurt als lokale Verehrung und vielleicht Nachahmung und Konkurrenz zu erklären. Schließlich muß man darauf achten, die isolierten Einzelbelege von Fernpilgern oder schriftlichen Zeugnissen aus dem hohen Norden oder dem Süden Italiens nicht zu hoch zu bewerten. Sie sind interessant als Dokument, wie weit der Ruf der Wieswallfahrt überhaupt gedrungen ist, doch sind sie nicht der Endpunkt wirklicher Wallfahrtsstraßen. Das Büchlein von 1779 nennt stolz die Orte: »wenn so gar von Petersburg in Rußland? von Gottenburg in Schweden? von Amsterdam in Holland? von Kopenhagen in Dännenmark? von Christia-

*Bildstock in Klobenstein am Ritten (Südtirol; Kat. 2253)*

*Wieskapelle in Astätt im Mattigtal (Oberösterreich), 1747; Größe der Figur 80 cm (Kat. 2081)*

*Votivbild mit einer Prozession zur Wieskapelle in Astätt, 1839; 39 × 44 cm (Oberösterreichisches Landesmuseum, Linz; Kat. 2100)*

nienburg in Nordwegen, von Nimes in Frankreich, von Cadix in Spanien Walfarter da gewesen? was soll ich alle deutsche Provinzen, und andere angränzende Königreiche hersetzen?« Zieht man all solche Einzelbelege von Pilgern ab, die wohl meist auf der Reise von oder nach Rom auch die Wies besuchten, und versucht man die unterschiedliche Art und Qualität der Inventarisierung in Bayern und seinen Nachbarländern zu berücksichtigen, so bleibt doch die begrenzte Möglichkeit einer Interpretation und eines Vergleichs, bei dem freilich die quantitativen Daten nicht im Sinne falschverstandener Statistik mißbraucht werden dürfen.

Daß die Angaben über die Verbreitung der Wallfahrt nicht der Fantasie entsprungen waren, läßt sich durch die in Einzelfällen mögliche Überprüfung der Angaben mit Hilfe der Wies-Manuskripte erweisen. Das oben erwähnte Nîmes taucht z. B. im Bruderschaftsbuch und im Verzeichnis der anberührten Kopien auf: »Anno 1767 ist ein Statue des gegeißleten Heylandes nacher Nimes in Languedoc geschickt worden umb alda in der Thombkürche in der Pfarr Capell auf St. Ludwiges [Altar] auf und ausgesezt zu werden.«

Zunächst überrascht nicht, daß die Wieswallfahrt, wie jede andere, für ihre nähere Umgebung von Bedeutung war und es bis heute geblieben ist. Wenn die Mesnerin einer Dorfkirche der Umgebung die Figur des Geißelheilands auf dem Altar liebevoll-selbstverständlich als »unser Wiesherrle« bezeichnet, so ist das ebenso ein Zeichen für die lebendige Beziehung wie Bittgänge, der Besuch winterlicher Gottesdienste (denn den Touristenstrom im Sommer scheuen die Bauern) oder ein farbenfroher und jubelnder Festgottesdienst anläßlich eines

*Wieskapelle in Botzersreuth (Oberpfalz)*

▼ *Inneres der Wieskapelle Botzersreuth (Oberpfalz), Größe der Figur ca. 70 cm; 18. Jahrhundert (1979 gestohlen, Kat. 1539)*

Trachtenfestes unter radikalem Ausschluß der neugierigen Öffentlichkeit, die gerne auch eine solche Trachtlermesse »konsumieren« würde. Weiteres Suchen wird in den Landkreisen Weilheim-Schongau, Füssen und Kaufbeuren sicher noch viel Material zutage fördern, und sicherlich stehen noch in vielen Häusern die kleinen »Wiesherrle«. Den südbayrischen Raum, Altbayern und die Diözese Augsburg darf man – gleichmäßig gute Materialerfassung vorausgesetzt – mehr oder weniger lückenlos zum Einzugsbereich der Wies rechnen. Es deutet nichts darauf hin, daß in bestimmten Gegenden andere Wallfahrtsorte die Verlobung zur Wies unwahrscheinlich gemacht hätten. Nach Westen werden die Belege selten, was in Württemberg teilweise auf das Konto der konfessionellen Gliederung des Landes gehen dürfte. Seltsam ist das fast völlige Fehlen von Belegen in Vorarlberg: die Ausstrahlung scheint im oberen Lechtal zu enden. Eine Wallfahrtsstraße führt dagegen über Reutte ins Inntal und über den Reschenpaß nach Bozen (Tirol 38 Orte; Südtirol 16). Eine zweite solche Straße führt durch das – damals bayrische – Innviertel die Donau hinunter nach Linz und Krems (Oberösterreich 39 Orte; Niederösterreich 38). Auf welchen Wegen die Wiesverehrung nach Kärnten (15 Orte) und in die Steiermark (26 Orte) kam, läßt sich an dem Material nicht ablesen. Immerhin weisen schon die Gnadenbüchlein 10 Pilger aus der Steiermark auf, und eine geisteskranke Frau aus Villach wird schon 1748 zur Wies begleitet (Gnadenblum 1749, Nr. 1034; s. o. S. 79). Der äußerste Beleg für eine Kopie des Gnadenbilds im Osten ist eine Kapelle in Deutschjahrndorf, hart an der ungarischen Grenze, und im Bruderschaftsbuch ist sogar ein Mitglied aus Krakau zu belegen.

Die Oberpfalz ist durch einen hohen Anteil an Wieskapellen und Altären ausgezeichnet. Zu den wichtigsten gehören die in Bärnau, Lkr. Tirschenreuth; Hamberg, Lkr. Parsberg; Plankstetten, Lkr. Beilngries und die Steinwegkapelle in Regensburg.

Über die Oberpfalz führt der Weg nach Böhmen und Mähren. Schon im zweiten Gnadenbüchlein wird der erste Wallfahrer aus Böhmen registriert, in Wies bei Eger entsteht früh eine Wieskapelle; eine ganze Reihe von berührten Kopien gehen in die heutige Tschechoslowakei, wo sie natürlich nur noch schwer nachweisbar sind. Für die Verbreitung der Verehrung des Wiesheilands sprechen die zahlreichen Bruderschaftsmitglieder aus Böhmen und Mähren; besonders eindrucksvoll ist die Gruppenwallfahrt der Leute aus Krumau – 50 km nordöstlich von Passau – die alle zwei Jahre bis zur Wies nach Steingaden führt.

In Franken sind die Belege nicht sehr zahlreich, aber bis heute lebt an manchen Orten die Tradition der Wallfahrt weiter, so in Althausen bei Münnerstadt, wo an einem fast zerstörten kleinen Wiesfresko an der Außenwand eines Privathauses eine neue Marmortafel mit dem Refrain des Wieslieds angebracht wurde. Die »fränkische Pilgerstraße« geht in den Norden weiter bis in die Gegend von Fulda; ein vereinzelter Beleg stammt aus Porz bei Köln. Eine solche Verbreitung übertrifft vermutlich alle anderen Wallfahrten des 18. Jahrhunderts und zeigt damit auch eine extensive Sonderstellung der Wies.

*Links:*
*Bildstock am nördlichen Ortsausgang von Buchen im Odenwald; 1754; Größe der Figur ca. 70 cm (Kat. 2003)* ▶

*Rechts:*
*Bildstock in Wülfershausen bei Neuburg a. d. Saale (Unterfranken), 1773; Größe der Figur 150 cm (Kat. 1795)* ▶

Nun ist freilich nicht jeder »Beleg« für die Verbreitung gleich zu gewichten. Unter Beleg wurde bei den oben genannten Zahlen die Kopie des Gnadenbilds verstanden, wobei Votivbilder nicht einzeln gezählt wurden. Ein Andachtsbild im Gebetbuch oder an der Schranktür mag Ausdruck wirklicher und dauernder Verehrung sein; es mag auch »nur« ein Erinnerungszeichen an eine schöne Wallfahrt oder ein Geschenk sein, das aus Pietät dem Schenker gegenüber aufbewahrt wird. Wie die Menschen, die »normalen« Menschen früherer Zeit empfanden, welches ihr Verhältnis zum Wiesheiland war und ob sie überhaupt wußten, daß es sich um das Gnadenbild der Wieskirche handelt, ist nur selten und eher zufällig feststellbar. Eine alte Bäuerin in Franken bewahrt eine große Kopie des Wiesheilands daheim auf; sie wußte nichts von der Wieskirche droben im Oberland, sondern bezog ihre Figur auf die Altarfigur der örtlichen Kapelle zum Gegeißelten Heiland. Über die Wallfahrt zu dieser wußte sie freilich gut Bescheid, und daß bis zum ersten Weltkrieg die Bauern von weither kamen, ihre Pferde an die Ringe an der Kapellenwand banden und auf dem bereitstehenden Tisch wächserne Arme, Beine »und so Sachen« opferten. Die Figur stammte von der Urgroßmutter – aus der Entstehungszeit der Wallfahrt also, und die Figur gibt sie nicht her, obwohl schon viele sie haben wollten. Und wenn das Buch über die Wallfahrt einmal fertig ist, dann möchte sie es gerne haben. – Ein anderer Zufallsbeleg ist es, wenn in einem schwäbischen Dorf, aus dem schon in den Gnadenbüchlein fünf Wallfahrer verzeichnet sind, sofort und unaufgefordert genaue Auskunft über eine Wegkapelle mit dem Wiesheiland gegeben werden kann. Auf die erstaunte Rückfrage, woher das bekannt sei, kam die fast ebenso erstaunte Antwort, daß ›man‹ das in der Schule lerne . . .

Einen ganz seltenen Einblick in private Devotion oder bloß naives Vertrauen im 18. Jahrhundert bietet ein Ausschnitt aus dem linken Mirakelbild in der Vorhalle der Wies: Hier stellt ein Votant in seinem Leiden ein Wiesherrle vor sich auf den Tisch und hofft auf Heilung. *Abb. S. 110* Von Wiesbildern, die im Zimmer aufgehängt wurden, ist im 18. Jahrhundert mehrfach die Rede, auch von Kopien des Heilands zur privaten Verehrung im Haus (GNADENBLUM 1748, Nr. 404). Eine öffentlichere Verehrung wird faßbar, wenn ein Bild des Wiesheilands außen am Haus angebracht oder an einen Baum an einem Weg angeheftet wird. Aus solchen Zeichen kann eine allgemeinere Verehrung erwachsen; ein Bildstock wird an der Stelle errichtet, manchmal eine größere Wegkapelle. Bei der Aufstellung in Kirchen ist zu unterscheiden zwischen einfachen Figuren, einem Schrein am Altar, Altären, die den Wiesheiland als Altarfigur (meist an Stelle eines Gemäldes) haben und Kapellen oder gar größeren Kirchen, die dem Wiesheiland geweiht sind. Der heutige Befund gibt nicht immer den Zustand des 18. Jahrhunderts wieder. Wie der Wiesheiland zu jener Zeit andere Patrone verdrängen konnte, so ist er inzwischen manchmal selbst verdrängt worden – Armschellen mit »überflüssigen« Ketten weisen zum Beispiel auf eine ältere Aufstellung in einer (Altar-)Nische hin. Die intensivste Stufe der Verehrung wird erreicht, wenn bei einer Kopie des Wiesheilands »Guttaten« zu verzeichnen sind

*»Einsiedler-Kapelle«, ehem. Prämonstratenserkloster Roggenburg (Schwaben). Figur des Wiesheiland von Anton Sturm, 1754, Größe 130 cm (Kat. 1966)*

und damit eine neue Gnadenstätte entsteht, die ihrerseits Wallfahrer anzieht. Nur in solchen Fällen sollte von Filial- oder Sekundärwallfahrten gesprochen werden.

Was der Verfasser der GNADENBLUM über die vielen Kapellen zu Ehren des Wiesheilands sagt, ist nicht übertrieben: es ist noch heute immerhin die beträchtliche Zahl von über 100 Kirchen und Kapellen mit Hoch- oder (selten) Seitenaltären mit der Figur des Wiesheilands nachzuweisen. Die ersten beiden, die Hofkapelle zum gegeißelten Heiland in Hamberg bei Hemau in der Oberpfalz und die Wieskirche bei Freising werden schon 1745 und 1746 erbaut und entwickeln sich schnell zu Filialwallfahrten. Weitere Kapellen entstehen in rascher Folge: die Wieskapelle in der Au bei Golding (Lkr. Dingolfing) und Moosbach (Lkr. Vohenstrauß/Opf.) 1746; Donaumünster, Feigenhofen, Haimhausen 1747. Das Gnadenbild der großen Wallfahrtskirche in Gelchsheim (Lkr. Ochsenfurt) wurde 1750 aufgerichtet, die Kirche 1754 erbaut; Roggenburg (Lkr. Neu-Ulm) erhält 1754 einen Wiesaltar, die Wieskirche im Sulmtal in der südlichsten Steiermark wird ab 1774 an der Stelle einer älteren Kapelle errichtet. Noch im 19. Jahrhundert sind Neubauten von Wieskapellen zu verzeichnen, vermutlich aus Anlaß des hundertjährigen Bestehens der Wallfahrt: Amberg (Lkr. Füssen) 1845; Wiesenhofen (Lkr. Beilngries) 1847; Wildwiesen in der Steiermark 1851.

*Abb. S. 161*
*Abb. S. 1*
*Abb. S. 157*
*Abb. S. 57*

*Wieskirche in Wies (Steiermark), erbaut 1774–82*

*Altar der Kapelle »Zum gegeißelten Heiland auf der Wies« in Fürstenfeld (Steiermark), 1750. Figur knapp lebensgroß (Kat. 2204)*

Diese kleine Auswahl der Beispiele illustriert die geographische Streuung, die schnelle Ausbreitung, aber auch die verschiedenen Typen solcher Wieskirchen und Altäre: sie finden sich in den Hauptstädten des Landes (München, St. Peter), ebenso wie auf dem flachen Land, im Kloster wie im Schloß. Ist eine solche Welle der Bautätigkeit spontan oder gesteuert? Der moderne Mensch neigt natürlich zunächst dazu, Steuerung und Planung, im schlimmsten Falle Pfaffenbetrug und Geschäftemacherei zu sehen. Es läßt sich in der Tat zeigen, daß die Prämonstratenser in ihren Niederlassungen in der schwäbischen und bayrischen Zirkarie den Wiesheiland verehrten, nachdem die Wallfahrt sich durchgesetzt hatte, aber für eine Geschäftemacherei fehlen bisher die Zeugnisse: Eine Wallfahrt war, das konnten gerade die Steingadener bestätigen, kein lukratives Geschäft. Die Entstehung der Wieskapellen und Sekundärwallfahrten ist in der großen Mehrzahl der Fälle nicht organisiert, sondern hat ihren Ursprung in individueller Verehrung, wobei es hohe wie niedere Standespersonen, Laien wie Geistliche gewesen sind, die eine Kopie des Gnadenbilds aufstellten, einen Betschemel davor setzten, einen Bildstock errichteten oder eine Kapelle bauen ließen. Das soll an einigen Beispielen etwas ausführlicher vorgeführt werden.

*Abb. S. 128*

Der erste bekannte sekundäre Kapellenbau zu Ehren des gegeißelten Heilands in der Wies steht in Hamberg im Landkreis Parsberg. Dort hatte der Bauer Anton Hecker 1744 eine geschnitzte Kopie des Wiesheilands unter einer Eiche aufgestellt und davor einen Betschemel und Opferstock errichtet. Schon im folgenden Jahr reichten die Opfer zum Bau einer kleinen Kapelle, die später vergrößert und 1752 geweiht wurde: »Ist vor einigen Jahren zu Hamberg eine schöne Capell (worin die H. Meß celebriert wird) ULHerrn von der Wisen erbauet worden, und wollen die vile Gutthaten die Andacht nicht nur umligender, sondern auch weit entlegener Wallfahrteren zuziehen«, berichtet der Churbayerische Kalender 1755. Von den Guttaten zeugen bis heute Votivtafeln aus der Zeit von 1748 bis 1807, von denen die älteste eine sehr genaue Kopie des Wiesheilands wohl nach einem kleinen Andachtsbild darstellt.

Zur gleichen Zeit entsteht auch die Wallfahrt auf die Wiese bei Freising, die bald solchen Zulauf hatte, daß man sich gar nicht mehr über die Tatsache der Filiation klar war; Reisebeschreibungen und Nachschlagewerke sprechen von der »oberen« Wiese (bei Steingaden, nämlich im Oberland) und der »unteren« bei Freising. Der Sulzbacher Kalender von 1868 ist noch der Meinung, daß die Wallfahrten, zumal in Franken schon seit unvordenklichen Zeiten »in der Wiese« heißen, weil dieses sich auf ein altes »Wise«, d. h. ›Zurechtweisung‹, d. h. ›Geißelung‹ beziehe. Im Jahre 1796 behandelt ein Geographisches Statistisch-Topographisches Lexikon von Baiern erst die Wies bei Freising und berichtet dann: »Etwa eine Stunde von Steingaden befindet sich noch ein Wallfahrtsort, welcher die Wiese genannt wird, . . .« Über die genauen Daten besteht in den Berichten keine völlige Übereinstimmung. Daß schon sehr früh Wallfahrer aus Freising die Wies besuchten, ist mehrfach bezeugt, nicht zuletzt durch drei Berichte im ersten Gnadenbüchlein. Der allererste Bericht stammt sogar von

*Fahne der Fünf-Wunden-Bruderschaft, Wies bei Freising (Oberbayern), Ende 18. Jahrhundert (Kat. 1084)*

*Schrank mit »ex voto«-Gaben, Wies bei Freising (Oberbayern)*

einer Wallfahrerin aus Freising, von Maria Johanna Hörgerin, die sich wegen Schmerzen in einem Arm zur Wies verlobte. Aus der üblichen chronologischen Anordnung der Berichte kann geschlossen werden, daß die Wallfahrt schon vor 1742 stattfand. Vielleicht ist es bezeichnend, daß in den späteren Gnadenbüchlein keine Freisinger mehr vorkommen: sie hatten zu der Zeit schon ihre eigene Wallfahrt. Einer der frühen Freisinger Wallfahrer nach Steingaden war der Forstaufseher Silvester Hupf. Dieser ließ – frühestens 1742, spätestens 1745 – ein Ölbild des Wiesheilands durch den Freisinger Hofmaler Joh. Jäger malen und brachte es an einem Baum an der Straße nach Tuntenhausen an. Das älteste erhaltene Votivbild stammt bereits aus dem Jahr 1745. Aber dem damaligen Stadtpfarrer und Dekan Krimer behagt die Sache nicht: »wegen anwaxung des votivs Wax« waren ordentliche Stellen mit »dradnen güttern versehen, an die negsten Bäumb angnaglet« und das Bild war mit einem »immer verenden Licht in einer kleinen glasernen Latern versehen« worden. Er beseitigt die Votivgaben. Dadurch wird aber der Zulauf zum Bild nur vermehrt. Auch die vorübergehende Übertragung nach S. Georg brachte nur Ärger. 1746 kam das Gnadenbild auf die Wiese zurück und es wurde eine erste hölzerne Kapelle errichtet, die auf einem Votivbild dieses Jahres zu sehen ist. Seit 1747 wurde in der Wies bei Freising die Messe gelesen – bis heute.
Fast ohne Schwierigkeiten wurde die dritte der bisher datierten Wieskapellen errichtet, die Kapelle in der Au bei Golding im Landkreis Dingolfing. Der Baron Franz Manuel von Berchem hat als Pfleger in Dingolfing die Verehrung des Wiesheilands gefördert. Auch im Falle der Wieskapelle in der Au beginnt Verehrung und Wallfahrt bei einem Bild des Wiesheilands, das an einen Baum geheftet worden war. Bemerkenswert ist auch hier wieder, daß das Bild mehrfach erneuert wird. Über den Ursprung der Kapelle liegt ein Bericht von Berchem aus dem Jahre 1748 vor: »1746 ist durch eine unbekannte, mutmaßlich andächtige Person ein schlechter Kupferstich mit einem schwarz gestrichenen Rähmchen, einen halben Bogen Papier groß, der Bildnis des gegeißelten Heilandes der sog. Wieskapelle Steingadner Pfarrei an einem einschichtigen fast ganz verdorbenen jetzt aber grünenden und Frucht eines guten, annehmlichen Geschmacks zu jedermanns Verwunderung tragenden wilden Birnbaum, hart an dem Gangsteig nach Landau anfangs der sog. Goldinger Au stehend, angeheftet worden. Die Vorbeigehenden haben durch Abdecken des Hauptes gegrüßt, auch zu Zeiten mit kurzem Gebet sich dort aufgehalten. Weil aber durch die Witterung und den Wind dieser Kupferstich umsomehr zerrissen wurde als er dem Wetter frei ausgesetzt war, so hat der damalige Oberbeamte zu Dingolfing, Joseph Emanuel Antoni Reichsfreiherr v. Berchem etc., Pfleger, Kastner und Mautner zu Dingolfing, das gleiche Bild auf Glas gemalen gekauft und es an den genannten Birnbaum geheftet, worauf sich dann immer mehr und mehr Andächtige Personen vor dem Bild eingefunden und öfters auf bloßer Erde kniend ihr Gebet zu Gott geschickt haben. Als aber nach einiger Zeit auch dieses Bild vom Wetter ruiniert und zerbrochen worden war, hat der Pfleger von einem zu Murnau

ansässigen Bilderhandler den Kupferstich dieses Bildnisses, welches von Gottfrid Pfanny (?) zu Augsburg gestochen ist, erhandelt, denselben selbst illuminiert und mit einem Rahmen, der oben einen kleinen Baldachin hatte, in Glas einfassen lassen. Dann ist er am Birnbaum wieder angeheftet worden und auf allen Seiten mit einem Brett zur Verwahrung vor dem Regen verschlagen worden. Wenige Tage darauf wurde mit kleinen Taxus-Bäumchen eine Einfassung resp. Gärtlein um den Birnbaum gemacht, auch zum Knieen ein kleines Brett auf die Erde vor dem Bild hergestellt. Da dann von der nur eine Viertelstunde entfernten Stadt Dingolfing täglich, besonders an Sonn- und Feiertagen, viele andächtige Personen sich vor diesem Bild einfanden, ihr Gebet verrichteten, auch Blumenbüsche, Wachskerzen und andere Wachsstücke als Mann- und Weibspersonen, Füße, Augen und dgl. an den Baum gehangen und mit festem Vertrauen geopfert haben und weil sie dem Vorgeben nach auch in ihren Bitten von Gott erhört worden, hat der Pfleger »mutmaßlich durch göttliche Anordnung bewogen« einen gedeckten Betstuhl für 3–4 Personen, dann ein Gestell für das Opfer-Wachs von gewöhnlichen Brettern vor dem Bild errichten lassen, was in der 4. Fastenwoche geschehen ist.

Da nun der Zulauf sowohl als die Opfer sich von Tag zu Tag vermehrten, hat der Pfleger dem Consistorium Regensburg dies berichtet, zugleich aber auch die Lizenz erbeten an diesem Ort eine gemauerte »Figur« zu Ehren des gegeißelten Heilandes errichten zu dürfen, welche Lizenz dann auch zu seiner nicht geringen Freude und all der anderen in etlichen Tagen erfolgte und die man abschriftlich am Betstuhl allen Vorbeigehenden zu Nachricht angeheftet hat. Nachdem davon der Ruf sich weiter ausgebreitet hat, haben sich einige andächtige sowohl vermögliche als arme Guttäter, worunter der Pfleger der erste, hervorgetan, die Steine und Holz ohne Entgelt zuführten, wo indessen in den dabeigestellten Opferstock soviel eingegangen war, daß man einige Taglöhner anstellen konnte. In gar kurzer Zeit ist also auf Direktion des Pflegers eine gemauerte Figur nebst einem ordentlichen Altar von Bildhauer-Arbeit zustande gekommen, hart an den fast verdorbenen Birnbaum gesetzt worden. Da der Kupferstich wieder ziemlich schlecht geworden war, ist seine Abbildung auf Pergament hauptsächlich durch des Pflegers eigene Hand übertragen worden und in den Altar eingesetzt worden. Nach Vollendung ist der Zulauf, besonders wegen der glaublich dort eingefangenen vielen Gnaden, wie auch das Opfer an Geld und Wachs vergrößert worden. Deshalb ist auch von der Nachbarschaft der einzige Wunsch dahin gegangen, daß auch einige hl. Messen in dieser Figur möchten gelesen werden, welches dann der Pfleger veranlaßte, auch um die Lizenz hierfür beim Ordinariat Regensburg angehalten hat. Er hat sie auch, nach eingeholtem Bericht des Pfarrers von Gottfrieding, in kurzer Zeit erhalten. Folglich konnte noch am 5. 6. 1746 in Beisein etlicher 100 sowohl hoher als niederer Personen durch Joseph Antoni Dufftschmid JUL, kurf. geistl. Rat und Pfarrer und Dekan von Frontenhausen, das erste solenne Hochamt nebst einem Tedeum unter Trompeten- und Paukenschall, dann Abfeuerung 100 Pfd.- schwerer Böller bei schönstem Wetter gehalten werden, wobei eine eigene große Hütte mit Betstühlen eingerichtet für die anwesenden ‹Wohlfahrter von Distinction‹ nächst der Kapelle erbaut und wegen der Menge des anwesenden Volkes von 6 Grenadiers der damals zu Dingolfing gelegenen Garnison des Prinz Clemenz-Regiments auf Ordre des Commandanten v. Molzern bewacht worden. Und sind vom 5. 7. 46 bis 12. 9. 48 1119 hl. Messen von verschiedenen Geistlichen gelesen worden.«

Die Kapelle erhielt 1773 einen päpstlichen Ablaß. Sie ist Anfang des 19. Jahrhunderts abgebrochen oder durch ein Hochwasser vernichtet worden.

Die bisher genannten Wieskapellen sind wirkliche Sekundärwallfahrten; zu ihnen sind auch Kirchen wie Moosbach, Bihlafingen, Fürstenfeld, Emmersdorf und Gelchsheim zu zählen, von kleineren Wallfahrtsstätten wie Malching oder Niedermurach einmal abgesehen. An anderen Orten blühte eine Verehrung nur kurze Zeit und verschwand so schnell wie sie gekommen. Nicht umsonst vertrat Benedikt XIV. die Meinung, daß zum wahren Ruhm eines Gnadenbildes gehöre, daß er Dauer habe und sich mehre, nicht aber nur kurze Zeit blühe (GNADENBLUM 1746, S. 27). Ein solches Beispiel bietet die (vor?) 1753 erbaute Wieskapelle zu Ehren des gegeißelten Heilands in Mettenbach im Landkreis Landshut, deren Figuren heute alle verschwunden sind. Wir wissen einiges über diese Kapelle, weil die Näherin Katharina Krenzinger über mehrere Jahrzehnte einen Streit mit dem Pfarrer um ein Rentenversprechen führte, das der Pfarrer ihr als Verursacherin der Verehrung des Wiesheilands gemacht hatte. Katharina Krenzinger hatte um 1745 »ein kleines nit gar formlichs (?) bildnuß deß gegeißleten Heylands Von der Wiß in einen Paum eingesazt, welches von denen Vorbeygegangenen (?) Persohnen andächtig adorirt« wurde. Das Bild, ein Kupferstich von der Wies, hatte sie um neun Kreuzer einem Briefträger abgekauft, und sie berichtet in ihrer Eingabe von Miracula und beneficia, die das Herrgottsbildnis gewirkt habe. Demgegenüber betont der Pfarrer von Mettenbach: »die geringe Anzahl der Wallfahrter« und das Ausbleiben der Hl. Messen »sind augenscheinliche Proben daß die Wahlfahrt in baldigen Verfall gerathen werde. Kein Kreuzer gelt ist in zöchschrein Vorhanden, . . .«

*Abb. S. 1, 146, 147, 159*

Als letztes Beispiel sei der Ort Wollaberg im Landkreis Wolfstein angeführt. Die Bauern von Wollaberg stritten mit ihrem Pfarrherren, der in Waldkirchen saß, um den Kirchenzehnten und um die Einrichtung einer eigenen Seelsorgerstelle in ihrem Dorf. Eine Kopie des Gnadenbilds der Wies wurde zum Anlaß heftigster Auseinandersetzungen, deren schriftlicher Niederschlag mancherlei Einblick in das Wallfahrtswesen und die Verehrung des Gegeißelten Heilands gewährt. Der Brief der »Herrschaft« aus Linz vom August 1749 an den Pfarrer enthält eine Schilderung der Affäre: »Es war uns dieser Tägen einberichtet worden, daß einige Herrschaft Ränäridlische Unterthanen sich in früheren Jahren nacher Bayern zu der alda auf der sogenannten Wiesen sich befindenden wunderthättigen Bildnuß Christi wohlfahrten begeben, und eine daselbst sowohl geweyhte als an selber gleichfalls angerührte *Statuam* mit sich nacher Haus gebracht, indessen aber bei einem Häusler zu Aßberg *reponiert*, bis sie von Euer Hochwürden solche

*Wallfahrtskirche zum Gegeißelten Heiland auf der Hochstraße bei Emmersdorf (Niederbayern), 1752, renoviert 1978*

*Wieschristus, 18. Jahrhundert, Größe der Figur 70 cm. Pfarrkirche Emmersdorf (Niederbayern, Kat. 1287)*

Bildnuß in das löbl. Gotteshaus zu öffentlicher Andacht zu überbringen die *Licens* erhalten würden, wie dann und willen bey gedachter Bildnuß aus frommen Andachtseifer der Zuelauf des Volkes sich immer vermehrte, Er Häusler sich zu Euer Hochwürden verfügte und um die *Licenz implorirt* haben solle, daß Er vorermelte Statuam Christi zur öffentlichen Verehrung in die Kirchen zu Wollaberg übersetzen dürfte. Alleinig aber Sr. Hochwürden wären gleich vor Zorn erbrunnen und hätten Vermeldet, wie daß Sie Unterthanen in der Kirche nichts zu schaffen, und also ermelte Bildnuß Christi dahin zu bringen sich nicht unternehmen sollten, sondern nur zu Hauß Verehren Könnten, worauf Sie Bauern und diejenigen Persohnen aber, so zur erkauffung dieser Bildnuß etwas *Contribuiert*, jedoch solche heilige Statuam auf sogedachten Wollaberg in die Kirche zu bringen sich entschlossen, gleichwie ein solches auch am verwichenen

*St. Magdalena* Tag nachmittag in Begleittung Vieller mitgehender sowohl Bettend als Singender Persohnen unter Leithung der Glockhen und entgegengehung mit dem fahn Beschehen, auch so ersagte Statua von ihnen rechter Hand zu dem Seithenaltar hingesetzet worden war.«

Aus dem ersten Schreiben des Pfarrers erfahren wir etwas vom Schmuck der Figur bei dieser Übertragung: »mit einem großen von Tangrasset [= Tannengrün] mit Goldpapier und Rauschgold Umbänden und mit blaugeschmückten Bogen geziert«. Der Pfarrer fürchtet eine »gänzliche Verwirrung seiner marianischen Wallfahrt in Waldkirchen und holt kurzerhand die Figur aus der Kirche von Wollaberg in sein Pfarrhaus. Damit ist er zu weit gegangen, sowohl rechtlich als auch moralisch-theologisch »da ja öffters von Frommen und Andächtigen Christen Ville Bilder und *Statuen* auch ohne von einem Hl. Hrn. Pfarrer Vorhin nehmender *Licens* in die Gotteshäuser pflegen gebracht und aufgehenkht zu werden, gleich als ob schon fast in allen Kirchen sowohl allhier zu Linz als anderen orthen dieses Landes solche Bildnuß entweder geschnitzt oder aber gemahlene auff denen altaren und sonderheitlichen in der Linzerischen Statt Pfarrkirchen eine solche eben angerührte *Statua* auf dem Kreuzaltar zur öffentlichen andacht *exponirt* zu ersehen ist, oder an dennen Mauern aufgehenkht sich Befinden, gleichwie dergleichen dem gewissen Vernehmen nach eben zu Hutturm, Rehenpach [Röhrnbach!], graineth [Grainet!] und zu Passau selbst allenthalben anzutreffen sind.«

Der Briefwechsel nimmt an Heftigkeit zu: Der Pfarrer muß sich sagen lassen, daß »da doch solche *Statua* in Bayern und Oberösterreich auch in denen Pfarren, so in der passauerischen Diöces' liegen, fast aller Orten in denen Kirchen gleich eben allhier schön gefaßt ausgesetzt zu ersehen ist, ohne daß doch nur an einem Ort deswegen die geistliche Obrigkeit in Passau wäre angegangen worden, sondern all solche Herrn Pfarrer haben die Erlaubnis hiezu um soviel lieber ohne einigen so interessierten Bedenken gegeben, und die Verehrung so ermelter Bildnis selbst zu befördern verholfen.«

Begründet wird diese Bemerkung mit einem Hinweis auf die Beschlüsse des Tridentinums zur Bilderverehrung! Daß es nicht um den Wiesheiland ging, sondern um Machtfragen, erhellt schon daraus, daß der Pfarrherr kein anderer als J. Anton Loraghi war, der wenige Jahre vorher die Figur des Wiesheilands mit großer Feierlichkeit in Waldkirchen aufgestellt hatte (s. o. S. 138), und der in einem Brief, sich verteidigend, schreibt, »daß ich selbst meine privat-Andacht dahin trage«.

Der Streit wurde schließlich beigelegt, und der Wiesheiland in der Pfarrkirche von Wollaberg existiert noch heute.

Und es würden noch weit mehr existieren, wenn nicht die Säkularisation gekommen wäre.

*Wieschristus, 3. Viertel 18. Jahrhundert, aus dem Umkreis der Werkstätte Peter Schwanthalers d. Ä.; Größe der Figur 76 cm (Heimathaus Schärding, Oberösterreich, Kat. 2128)*

*Tragfigur (»Ferculum«) der Bruderschaft zum Gegeißelten Heiland, 18. Jahrhundert; Größe der Figur 92,5 cm (Wallfahrtskirche Wies, Kat. 002)*

# Die Bruderschaft

*Diese 8 Bruderschafts-Röcke werden zum Vortheil der Pfarrkirche Steingaden ehest veräußert, . . .*

Säkularisationsinventar von 1804

»In der Wallfahrtskirche Wies ist die Bruderschaft des gegeißleten Heilands (Flagellatio Jesu) eingeführt – seit 1755; sie ist oberhirtlich bestätigt. Für die Mitglieder der Bruderschaft werden je in der Quatember-Woche 2 hl. Messen gelesen. Die Bruderschaft hat kein fundiertes Vermögen. Jedes Mitglied bezahlt beim Eintritt 9 ×; eine weitere Leistung hat nicht Statt. Dieser Betrag wird jährlich bei den Einnahmen der Wallfahrtskirche verrechnet. Von dieser Corporation ist ein eigener Bruderschaftszettel im Gebrauche und liegt ein Exemplar bei.«

Dieser Eintrag in der »Summarischen Übersicht« über die Pfarrverhältnisse von 1860 zeigt, daß die Bruderschaft die Säkularisation überdauert hat. Ihre ursprüngliche Bedeutung und ihre Größe gehen freilich aus dieser nüchternen Ausführung nicht hervor. Diese lassen sich nur noch aus der bruchstückhaften Überlieferung erschließen, die aber eine Mitgliederzahl von über 70 000 durchaus wahrscheinlich macht.

Die Bruderschaften haben ihren Ursprung im frühen Mittelalter, vor allem in den Gebetsverbrüderungen der Benediktinerklöster. Das gemeinsame Gebet für das Heil der Seele des verstorbenen Bruders in Christo ist Verpflichtung der in der Bruderschaft vereinten Gläubigen.

Für die Entwicklung der Bruderschaften ist es von Bedeutung, daß ihre Mitglieder mancherlei Ablässe teilhaftig werden, sei es durch die Werke der Nächstenliebe, zu der die Mitglieder verpflichtet waren, sei es wegen der besonderen Pflege geistlicher Anliegen, des Allerheiligsten bei den Corpus Christi Bruderschaften, der Armen Seelen oder der Gottesmutter. Mit der Erneuerung des kirchlichen Lebens vor allem nach dem Dreißigjährigen Krieg gewann das Bruderschaftswesen in Bayern große Bedeutung. Das Haus Wittelsbach war sein Förderer, die einzelnen Orden pflegten besondere Heilige oder widmeten sich der Verbreitung der Verehrung besonderer Geheimnisse des Glaubens und der Kirche. So gibt es im Bayern des späten 17. und des 18. Jahrhunderts wohl kaum einen Ort, kaum eine Kirche ohne wenigstens eine Bruderschaft, die oft einer umfassenderen Erzbruderschaft in Rom angeschlossen war.

Es ist daher nur natürlich, daß auch die Wallfahrtspriester in der Wies den Wunsch hatten, durch die Errichtung einer Bruderschaft die Verehrung des gegeißelten Heilands durch den Wallfahrer über den Besuch des Gnadenbildes hinaus in die dauernde Form der Gemeinschaft im Gebet zu fassen. Zehn Jahre

nach der offiziellen Untersuchung der Wallfahrt, die nun in voller Blüte stand, wandte sich der Pater Superior Magnus Straub an Eusebius Amort und bat um eine Satzung für die geplante Bruderschaft. Eine lateinische Fassung ist in den Wies-Manuskripten erhalten; eine weitere Fassung in der Münchner Staatsbibliothek ist in deutscher Sprache geschrieben, und durch ihre Streichungen und Lücken deutlich als erster Entwurf Amorts zu erkennen. Der Vergleich der Fassungen mit dem gedruckten Bruderschaftszettel des frühen 19. Jahrhunderts zeigt wenig Änderungen. Hervorzuheben ist allerdings, daß Amort – der Haltung der Aufklärung zu den Bruderschaften entsprechend – die geistliche Seite der Bruderschaft ergänzt sehen wollte durch Werke der Nächstenliebe:
»Werden alle Einverleibten B.u.S. alle iahr zu Lichtmess nach ihren Vermögen ein kleines ihnen beliebiges allmosen beyseits legen, Und selbes in ihrer eigenen Pfarr, oder woher sie gebürthig, für das Schulgeld armer Kinder, Und für ein Hülf armer Kranker, oder presthafter Personen in der Fastenzeit anwenden. Die ienige aber, welche gar kein allmosen Vermögen, sollen für gedachte arme Schulbrüder oder arme kranke wenigist eine halbe stundlang zu Haus oder in der kürch ein andachtigs ihnen belibiges gebeth verrichten.«
Diese Bestimmung, zugleich ein Beispiel für die intensive Pflege des Schulwesens im Pfaffenwinkel, ist in die endgültige Satzung nicht übernommen worden.
Die Regeln und Satzungen umfassen vier Punkte: Die Verpflichtung, jeden Freitag »zu Ehren des gegeißleten, gekrönten und gekreuzigten Heilands« zu beten; sich »aller Leichtfertigkeiten« zu enthalten und auch den »Nächsten von leichtfertigen Tanzen, gefährlichen Zusammenkünften, üppigen Schauspielen, Gesängen, Gesprächen, verführerischen Liebs-Geschichten und anderen unehrbaren Büchern« abzuhalten. In der dritten Regel werden die Hausväter und Hausmütter verpflichtet, in ihrem Hause keine gefährliche Zusammenkunft zuzulassen und dafür zu sorgen, daß sich die Kinder und Hausgenossen vor dem Abendläuten zu Hause richtig einfinden. Die vierte Regel schließlich fordert dazu auf, in der Fastenzeit möglichst vielen Andachten zum Leiden Christi beizuwohnen.
Diese rein religiös-moralische Bruderschaft wurde von Papst Benedikt XIV. am 6. August 1755 »verliehen«, vom Bischof von Augsburg bestätigt und am 12. Oktober durch den Abt Marianus feierlich eingesetzt: »Celebravit Solenniter Reverendissimus, Praenobilissimus ac Amplissimus DD. Marianus Abbas Steingadensis, instituitque cum Solenni processione confraternitatem gratiosi Domini nostri flagellati«, lautet die Notiz im Hauptbuch der Wies, und das Bruderschaftsfest am 2. Sonntag des Oktober ist bis heute mit seiner »feierlichen Prozession« mit einer Kopie des Wiesheilands als Tragfigur das Hauptfest der Wies. P. Magnus Straub hielt 1755 die Festpredigt.
1756 wird der Nebenaltar des hl. Petrus für die Bruderschaftsmitglieder privilegiert, 1764 wird die Bruderschaft der Erzbruderschaft des gekreuzigten Heilands bei St. Marcellus in Rom einverleibt.

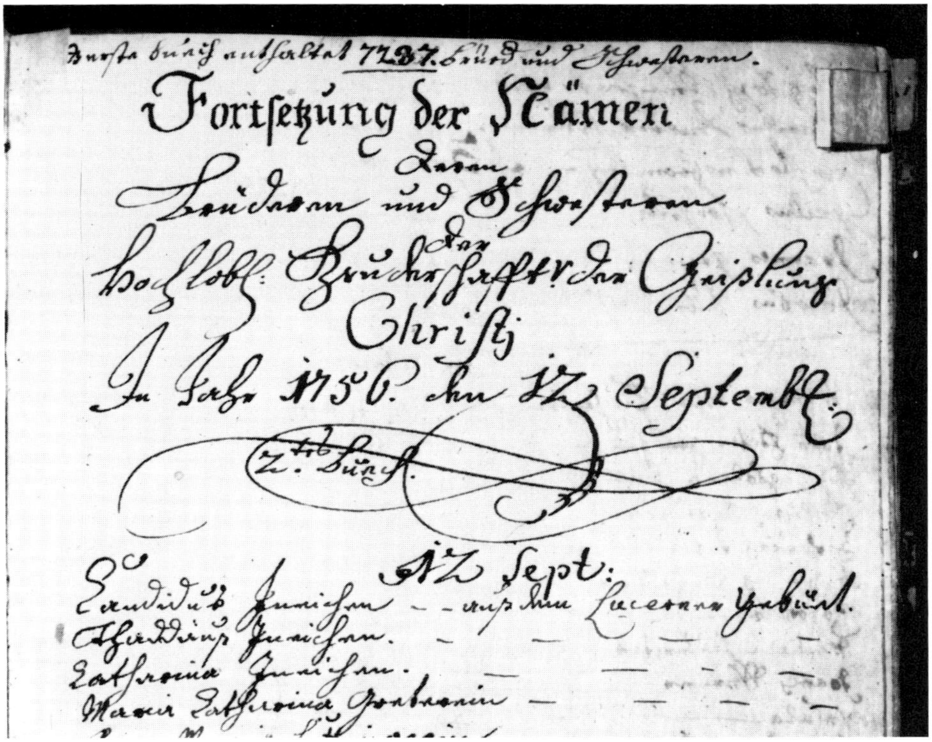
Fortsetzung der Nämen
Christi
Im Jahr 1756. am 12 Septemb.

2. Einschreibbuch der Bruderschaft des Gegeißelten Heiland, 1756 (Wallfahrtskuratie Wies)

Eintrag Dominikus Zimmermann im Bruderschaftsbuch am 15. Oktober 1757

Die Bruderschaft fand einen außerordentlichen Anklang, wie aus den zwei erhaltenen Einschreibbüchern des 18. Jahrhunderts im einzelnen nachgewiesen werden kann. Das zweite Buch – das erste ist leider verloren – beginnt am 12. September 1756 mit dem Vermerk »Das erste Buch enthaltet 7237 Brüder und Schwesteren«. Bis zum Juni 1759 tragen sich weitere 8615 Mitglieder ein, und das fünfte Buch vom Januar 1765 bis zum August 1768 enthält 13 000 Namen. Die Eintragungen geben manch interessanten Hinweis auf die Struktur der Wallfahrt und der Bruderschaft. Ein Vergleich mit den Pilgerzahlen, die bei den Gemeinschaftswallfahrten genannt werden, zeigt, daß sich keineswegs jeder einschreiben ließ: Von den 130 Wallfahrern aus Schwäbisch-Gmünd lassen sich am 13. 5. 1758 achtunddreißig Mitglieder, von den 31 Personen aus Waldkirchen und Wegscheid am 7. 5. des gleichen Jahres nur drei einschreiben. Die Verteilung der Namen über das Jahr läßt ein immer wiederkehrendes Muster erkennen: von Mai bis August ist die »Saison« für die Pilger; in den übrigen Monaten kommen sehr viel weniger, in den Wintermonaten begreiflicherweise fast niemand. Eine besonders große Zahl von Eintragungen brachten jeweils die Hauptfeste mit ihren Ablässen. Dann erfolgte ein »major concursus« und es werden mehr als tausend Kommunikanten gezählt. Zum Bruderschaftsfest im Oktober kamen vor allem die Pfarreien der Umgebung: Der Abt hielt das feierliche Hochamt, und die Tragfigur der Bruderschaft, die im Refektorium aufbewahrt wurde, kam auf ihr Traggestell, das »Ferculum«.

Das Bruderschaftsbuch macht auch deutlich, daß die Fernpilger in der Regel nicht einzeln, sondern in kleinen Gruppen kamen, sei es aus benachbarten Orten, sei es als Familien. Der Eintrag vom 20. Oktober 1757 sei als Beispiel angeführt: Er enthält 131 Namen. Davon kommen 64 aus verschiedenen Orten Frankens, 65 aus der Schweiz, meist aus der Gegend um Luzern. Ein Pilger kommt aus dem Schwarzwald, einer aus Osterburken. Von den 64 Franken sind wenigstens 50 eindeutig als Familiengruppen zu identifizieren; die Schweizer Namen bieten ein ähnliches Bild. Leider wird in der Regel nur der Name und der Heimatort angegeben, so daß keine genaue Analyse der Sozialstruktur möglich ist. Die im Gnadenbüchlein betonte Tatsache, daß hohe Standespersonen zur Wies kamen, läßt sich aber in den Bruderschaftsbüchern durchaus belegen: Ihro Gnaden Theodorus Xaverius von Steiregg wird Mitglied, der Hofkammerrath von Kren, die Gräfin Maria Anna v. Greiffenclau aus Würzburg und die Familie v. Oefele aus München, um ein paar Beispiele zu nennen. Auch Dominikus Zimmermann, der *Abb. S. 171* 1757 Mitglied der Bruderschaft wird, erhält ein »Herr« vor seinen Namen.

Von besonderem Interesse sind die Bruderschaftsbücher für die Erforschung des Einzugsgebietes. Was aus den Gnadenbüchlein hervorging, wird voll bestätigt: die Wallfahrt zum Gegeißelten Heiland hat in der Tat europäische Dimension: Krakau wird genannt, Neapel, Tarracona in Hyspaniam, Franciscus Lebrodes von Nimes aus Languedoc trägt sich ein, und mit ihm kommt Franciscus Luccas, Parisiensis gallus. Böhmen und Mähren, Franken und – überraschenderweise – die Schweiz treten als besondere Herkunftszentren hervor.

Nicht jeder Eintrag weist allerdings auf die Anwesenheit der Pilger hin: eine ganze Reihe von Konventen ließen sich geschlossen eintragen, darunter u. a. der Konvent von Siessen, wo Zimmermann 1726–28 die Kirche erbaut hatte. Auch in sekundären Zentren der Verehrung des Wiesheilands kann man Mitglied der Bruderschaft werden. Das geht aus einem Brief vom 6. Janur 1773 hervor, in dem der Administrator der Wieskirche bei Eger 100 Bruderschaftszettel »für bezahlung« zu übersenden bittet.
Den Aufklärern waren die Bruderschaften zuwider. Joseph II. ließ sie 1781 in seinen Landen verbieten, ihre Stäbe und Röcke vernichten. In Bayern war man nicht ganz so radikal, doch spricht die oben zitierte Notiz aus dem Säkularisationsinventar für sich. Die Bauern der Umgebung ahnten, was ihnen bevorstand, und so versteckten sie offensichtlich den Bruderschaftsschild und die schöne Tragfigur, als 1803 der Kommissar von München kam; beide tauchen erst in den späteren Inventaren der Wieskirche wieder auf.
Für das 19. und 20. Jahrhundert geben uns Mitgliederverzeichnisse einige Auskunft über die Bruderschaft. Freilich war nun die Zahl der neuen Mitglieder nicht mehr so groß, und ihre Heimat ist in erster Linie die nähere Umgebung. Daneben aber hält sich die Tradition der fränkischen Wallfahrer, und in Franken ist ja auch im 19. Jahrhundert das Pilgerlied von der Wies aufgezeichnet worden. Im 20. Jahrhundert werden die Eintragungen selten, die letzte trägt das Datum des 7. Januar 1949. Die alte Form der Bruderschaft ist vielleicht nicht mehr zeitgemäß; die Idee der Brüderschaft unter den Menschen keineswegs, und der Gedanke, daß es gut ist, einen gemeinsamen Ort, ein Vor-Bild zu haben, dieser Gedanke ist nicht auszulöschen, auch nicht durch eine Säkularisation.

*Reliquiar mit Säulenpartikel und Authentica, 1758 (Wallfahrtskuratie Wies)*

# Säkularisation und Wallfahrt

*Am 10. September 1805 bot der Forstgeometer Dismas Gebhart von Steingaden 900 fl. für Kirche und Wohnhaus und die vollständige Inneneinrichtung des Gotteshauses.*

Am 25. März 1803 kam der kurbayrische Aufhebungskommissar von Oberndorf nach Steingaden, um seines Amtes zu walten. Daß mit den Klosterherrschaften etwas geschehen müsse, war seit langem bekannt; was geschehen sollte, war dagegen nicht so klar – außer in den Köpfen einiger Aufklärer, die auch dem Volk das neue Licht bringen wollten, eine reinere Religiosität ohne barocke Abgeschmacktheiten; und in den Köpfen einiger kalter Rechner, die wußten, wo es etwas zu holen gab – Kontribution fürs Kriegeführen, Wälder für den Staatsforst, Handschriften für die zentrale Bibliothek. Die Folgen der entsetzlichen Kombination von glasklarer Rationalität und irrationaler Gehässigkeit sind bis heute spürbar, und bis heute ist es schwer, ein neutrales Urteil über die Säkularisation in Bayern in der Literatur zu finden oder sich selbst eines zu bilden. Daß Aufhebung, Versteigerung, Verkauf, Verschleuderung einer solchen Menge von Vermögenswerten innerhalb weniger Jahre ihren Marktwert auf den Materialwert reduzieren würde, das war den Fachleuten schon damals klar. So einigte sich der Kommissar von Oberndorf mit seiner vorgesetzten Behörde auch darauf, den Wert der Wieskirche »auf Abbruch- und Materialwert« zu schätzen – das waren immerhin noch 20 000 Gulden, man denke nur an das gute Kupferblech der Fenster, das als Material verkauft wurde.
Die Brutalität des Vorgehens wird blitzartig erhellt, wenn man den folgenden Eintrag im Inventar der in der Wies zurückgebliebenen Gegenstände von 1804 liest: »In der Ornatkammer . . . 2 derley Pyramiden Von diesen sind die silbernen Verzierungen abgenohmen und eingeschickt worden.« Die Löcher der Befestigungen sind noch zu sehen. Nichts spricht dafür, daß die Herren aus München in Wirklichkeit gar nicht an Abbruch dachten. Woran hätten sie sonst denken sollen – höchstens daran, daß die Zeit das ihre schon leisten und irgendwann das Dach von selbst einfallen würde. Es sind ja genügend Beispiele vorhanden, mit welcher Genauigkeit dafür gesorgt wurde, daß keine »überflüssigen« Kirchen stehen blieben, also mehr als eine pro Gemeinde. Welches Gotteshaus verschwinden solle, die Klosterkirche wie in Wessobrunn, die Pfarrkirche wie in Thierhaupten, das war gleichgültig. Für die Förderung des Bildungswesens sollte der Reingewinn verwendet werden – es waren schließlich nur ein paar Gulden. Und über den Rückgang der Bildungschancen im Pfaffenwinkel, und nicht nur hier, durch die Säkularisation spricht man noch heute nicht gern, weil sonst die heutigen Leistungen nicht ganz so leuchten würden.

An mehr als einem Ort wehrten sich die Leute gegen die Zerstörungen, ersteigerten die ihnen wichtigen Kirchen und Kapellen oder verhinderten den Abbruch, manchmal mit altbayrischer Bauernschläue wie in Rötz, wo ein Bett in die Kapelle gestellt wurde und dem Kommissar entgegnet wurde: »Was heißt hier Kapelle? Da schlaft der Knecht.« Auch die Wieskirche verdankt vermutlich ihre Existenz solchen Bemühungen der Bauern.
Unter der Federführung der Fronreitener, auf deren Gemeindegrund die Wies lag, und mit der Hilfe der Wallfahrtspriester beim Abfassen ihrer Anträge kämpften die Bauern der Umgebung für ihre Kirche. Als erstes handelten sie dem Münchner Glockenhändler für über 500 Gulden die große Glocke wieder ab und führten sie in die Wies zurück. Durch genaues Studium der Akten, von dem zahlreiche Unterstreichungen der einschlägigen Stellen in den alten Manuskripten zeugen, verschafften sie sich Argumente gegen die Regierung in München und gegen das Ordinariat in Augsburg. Sie wiesen nach, daß die Wieskirche kein Klosterbesitz gewesen war und deshalb gar nicht unter die Paragraphen der Säkularisationsakte fiel. Sie stellten die privaten Stiftungen zusammen, deren Kapital unrechtmäßig eingezogen worden war. Opfer der Wallfahrer und unentgeltliche Frondienste der Umgebung hatten den Bau ermöglicht: ». . . (wie solches noch allgemein bekannt, da bis in die letzte Zeit noch Leute lebten, die sich dieser Zeit noch erinnern und noch jetzt ein 93 jähriger Greis mit vollen Geisteskräften dieses als theils überliefert theils als selbst gesehen erzählt) und schon vor vollendetem Bau Stiftungen und Legate zur Sicherung des Fortbestands der Kirche übermacht wurden, unter welchen namentlich zu bezeichnen: . . .« Und dann folgen die Hinweise auf die Ewig-Licht-Stiftung der Trauchgauer, auf die 500 Gulden des ersten Mesners, das Vermächtnis des J.G. Lory und die 2000 Gulden des Pfarrers Gassner: »Es wäre schmerzlich, ein so schönes, weltberühmtes Bauwerk niederreißen zu sehen.« Daraufhin versuchte das Rentamt Schongau zum letztenmal eine Versteigerung – das seinerzeitige Angebot des Forstgeometers Gebhart über 900 Gulden war sogar den Behörden zu wenig gewesen. Der Gemeinde wird nunmehr erlaubt, die Kirche einem Exkonventualen zu überlassen, wenn die Opfergefälle reichen. Von der Bereitschaft der Fronreiter künden auch einige Inschriften auf dem Dachboden, die auf Reparaturen hinweisen, denn durch die fehlende Pflege häuften sich natürlich die Bauschäden. Daß vor allem nicht mehr Schäden am Dach aufgetreten sind, spricht für die Qualität der Arbeit Zimmermanns. Die Kontinuität der Wallfahrt kann durch zahlreiche kleine Details nachgewiesen werden; daß Opfergefälle in einer Akte erwähnt werden, daß Wallfahrer ihre Initialen mit Datum einschnitzten oder aufschrieben, oder daß der Bischof von Augsburg anläßlich einer Firmungsreise 1833 die Wies besuchte – soll man sagen ›leider‹, da anschließend die Votivtafeln verbrannt wurden?
Die Schwierigkeiten, mit denen die Fronreiter zu kämpfen hatten, gehen sehr hübsch aus der Auseinandersetzung über die Messe hervor, die nach Meinung des Pfarrers von Steingaden in der Wies schon um 6 Uhr gehalten werden solle:

»Wer nie da gewohnt hat, kann sich keinen Begriff machen, welch ungeheure Schnee Masse in dieser Gegend fällt, es darf wohl heller Tag seyn, wenn man den Weg in die Kirche suchen und finden soll.« Von den Pilgern aber heißt es »wie traurig und niedergeschlagen waren selbe, als sie morgens 3 Uhr aufstanden und um 8 Uhr der hl. Messe nicht theilhaftig wurden.«

Ein Zeugnis des Gemeindevorstehers von Fronreiten aus dem Jahre 1836, in exakter Schönschrift ohne Punkt und Komma abgefaßt, illustriert den Ton und die Zähigkeit der Gemeinde: ». . . und das Opfer hat die Kirche bis 1825 erhalten dann was ist geschehen Der König hat nichts wissen wollen von der Kirch jetzt hat sie die Gemeinde übernommen und alle umligen[den] Pfarreien . . . bis 1831 Dort hat der König die Bau-Reparatur übernommen aber warum weil derselbe in den 1700 Jahr bey 1790 bis 1799 Bey 5000 fl. Schätze und Kapitalien fort hat nach München heimgeführt mit 4 Pferd Bey Klosters Zeiten ist dies geschehen aber die Gemeinde hat den König viele Jahre angehalten mit selbst gängen und Berichten einen um den andern und 1835 hat der König das Glasen übernommen und im Priesterhaus die Wasserleitung.« Das Glasen – das Kupfer der Fenster war früh zum Materialwert verscherbelt worden. Die Leute in München wußten, wie man Kirchen »von alleine« kaputtgehen läßt und sich die Abbruchkosten sparen kann.

Viele äußere Daten der Wallfahrtsgeschichte kommen für die erste Jahrhunderthälfte freilich nicht zusammen. Von den vierziger Jahren an mehrt sich die Zahl der Pilger wieder, »was vorzüglich der Besuch der Wallfahrt von Sr. Königlichen Hoheit, nunmehr Sr. Majestät König Maximilian II. hervorrief.«

Die Jahrhundertfeier wurde zwar nicht glänzend begangen, doch erschien immerhin eine kleine Geschichte der Wallfahrt »nach älteren Berichten zusammengetragen« zusammen mit einem »Kurzen Unterricht von dem Wallfahrten«. Die überregionale Bedeutung läßt sich auch aus der Errichtung neuer Wieskapellen oder ihrer Renovierung um die Jahrhundertmitte erschließen. In der Wies selbst übernimmt der Staat 1846 die Baulast, und auch ein Wallfahrtspriester wird seit 1843 zum Teil vom Staat besoldet.

Die Kirche wird im 19. Jahrhundert nur gelegentlich in Reisebeschreibungen erwähnt. Ignaz von Obernburg (Reisen durch das Königreich Baiern) sagt nur, daß »man . . . zu vieles Geld auf Bauten, vorzüglich auf die . . . Wallfahrts-Kirche Wies verwendet« hatte: »Denn die Äbte von Steingaden stellten jenes großes Gebäude auf der Wies zwey bis drey Mahle neu, und prächtig her.« Er ist froh, daß die Zeit vorbei ist »welcher diese Dinge angehörten . . . der Zukunft bleibt es vorbehalten die Moräste und Sümpfe, die in dieser Gegend eben keine Seltenheit sind, nach und nach trocken zu legen, und einem Reviere, welches allerdings diese Beachtung verdient, jene Bevölkerung und Kultur zu geben, deren es fähig ist.« Das für den Fremdenverkehr zuständige Innenministerium und auch sonst einige Leute sind heute vermutlich dankbar, daß Herrn von Obernburgs Zukunftshoffnung unerfüllt geblieben ist. In der zweiten Jahrhunderthälfte schildert I.N. Ingerle das Hochland zwischen Lech und Isar aus intimer Kenntnis der Gegend und aller Wege: »die Umgebung [der Wies] gewährt schon das Bild einer lieblichen Alpenlandschaft, aus welcher die prächtige Kirche von dem Schellengeläut weidender Herden umsungen stattlich emporragt.« Nach einer ausführlichen Schilderung der Wallfahrtsgeschichte kommt er auf die Votivtafeln zu sprechen »welche mit schwarzem Rahmen und düsteren Farben das Innere des Tempels von unten bis oben bedeckten und verunstalteten.« Ihre Vernichtung hat die Wies »zu ihrer ursprünglichen Schönheit« zurückgeführt, »ein Unternehmen, welches an vielen andern Orten unter denselben Umständen Nachahmung finden dürfte.« Dies Zitat läßt zweierlei anklingen: Noch wird das Spezifische der Barockkunst nicht für erwähnenswert gehalten, und es wird die »Reinheit« der Kirche begrüßt, die eine wesentliche Voraussetzung für die spätere vorwiegend ästhetische Interpretation ist. Diese ästhetische Rezeption gehört im wesentlichen dem 20. Jahrhundert an und erreicht mit der Kreierung der ›Romantischen Straße‹, und der Deutschlandnummer von »Life« mit Neuschwanstein auf dem Titelblatt ihre touristische Vollendung. Sie wird gegen Ende des 19. Jahrhunderts vorbereitet durch die allmähliche Entdeckung des Barock als eigenwertiger Kunstepoche. Eine überraschend frühe Würdigung der Wieskirche und der Kunst von Dominikus Zimmermann findet sich 1895 im ersten Band der Kunstdenkmäler des Königsreichs Bayern: Gustav von Bezold nennt in der Einleitung zum Bezirksamt Schongau die Wies eines der »glanzvollsten Werke der Rokoko-Kunst.« Zimmermann stellt sich mit dieser Kirche »würdig in die Reihe der großen Baumeister seiner Zeit«. Bezold preist den »überquellenden Reichtum der decorativen Phantasie« und den »vollendeten Einklang zwischen Idee und Ausführung «, und er stellt Dominikus Zimmermann noch über seinen Zeitgenossen Joh. Michael Fischer. Eine ähnlich positive Wertung findet sich bei Georg Dehio in der ersten Auflage seines Handbuchs: »Mit diesem geistreichen und glänzenden, ungewöhnlich individuell ausgeprägten Bau stellt Z. sich würdig in die Reihe der großen Baumeister des Zeitalters . . . Der Vergleich mit musikalischen Eindrücken liegt am nächsten . . . Die Kanzel, die auf das Auge wirkt, wie ein Trompetenfortissimo aufs Ohr, wäre, isoliert gedacht, unverständlich, ja unerträglich; als Orchesterstimme kann man sie nicht anders wünschen.« Viele musikalische Vergleiche sind seither versucht worden; nur selten sind sie sachlich und stilistisch so gut wie dieser erste von Georg Dehio. Von diesem frühen Lob der Wieskirche ging kaum eine direkte Wirkung auf das breitere Publikum aus. Das hing mit den Verkehrsverhältnissen zusammen: zur Wies konnte man in der Zeit vor dem Auto nur zu Fuß gehen – von Kohlgrub, von Schongau, von Lechbruck. So bleibt die Wieskirche lange unbekannt: An den einzelnen Auflagen des Baedeker läßt sich ablesen, wie die Kirchen des Pfaffenwinkels allmählich zu Sehenswürdigkeiten werden. Die Wieskirche wird als letzte ›entdeckt‹, vermutlich im Zusammenhang mit den ersten Passionsspielen in Oberammergau nach dem ersten Weltkrieg im Jahre 1921. Wenige Jahre zuvor sind es die ersten Intellektuellen, die zur Wieskirche kommen, und die dann teils durch glänzende Essays, teils mündlich die Kirche bekannt machen, so bekannt, daß es Mode wird, sie zu besuchen. Josef Hofmiller ist wohl der erste von ihnen im Jahre 1917; Karl Alexander von Müller kommt im nächsten Jahr. Der »klassische« Bericht ist der von Hofmiller über das »Dornröschen im Tann« (in: Wanderbilder aus Bayern und Tirol), das ihm vom Aussichtsturm des Hohenpeißenberg zum erstenmal gezeigt wird: »Das also war die sagenhafte Wies!« Er geht von Kohlgrub über Steingaden und die Litzau zur Wies, also nicht den direkten Pilgerweg von Wildsteig herüber. Die Beschreibung der Kirche ist ein sehr gutes Stück deutscher Prosa und enthält viele treffende und vergleichende Bemerkungen zur Kunst des Landes und der Zeit. Sie enthält kein Wort über das Gnadenbild. »Was der alte Mann [i.e. Dominikus Zimmermann] gewollt und gemacht hat, ist nicht Fassade. Es ist Raum. Ein Innenraum von mozartischer Vollkommenheit« (ebd.). In Karl Alexander von Müllers Erinnerungen (Mars und Venus) steht auch nichts vom Gnadenbild: »Eine einfache graue Holztür mit wunderbar grünpatiniertem Eisenbeschläg öffnet wie im Märchen den Blick in einen bildgewordenen Jubelhymnus von Fest und Farbe, von Licht und Raum . . ., eine gotische Raumphantasie, die es wagt sich abzuspielen im hellsten Tageslicht des Barocks.« Es ist nicht erforderlich, weitere Beispiele für diese Tradition der Wies-Erfahrung zu bringen, die bis in unsere Tage reicht und die in vielfach verdünnter Form den präformierten Empfindungen eines beträchtlichen Teils der Wiesbesucher zugrundeliegt. Die zwanziger Jahre bringen aber auch eine in der Theologie und Volksfrömmigkeit begründete Popularisierung der Wieskirche. Der Pfarrer Peter Dörfler, ein genauer Kenner der Gegend und ihrer Geschichte, veröffentlicht 1922 den Roman »Der ungerechte Heller«, in dem die Wies eine Rolle spielt. 1941 erschienen von ihm »Die Wessobrunner«, sicher nicht die schlechteste Einführung in die Kunst des Pfaffenwinkels. Wichtig für die Verbreitung des zweiten Wieskultes sind die Aufsätze, die in kurzen Abständen in Zeitschriften wie ›Bayerland‹ oder ›Die christliche Kunst‹ veröffentlicht wurden. Ende der zwanziger Jahre erschien der erste Kirchenführer von Benefiziat M. Vierthaler, der bis nach dem letzten Krieg in der Wieskirche Wallfahrtspfarrer war. Er konnte bei seiner Darstellung auf Vorarbeiten des gelehrten Prälaten Hartig aufbauen. Sein Führer und noch mehr der des Prälaten Satzger (zuerst 1949) zeichnet sich durch das Gleichgewicht von kunstwissenschaftlicher und geistlicher Sicht der Dinge aus, dessen Fehlen manch andere Schrift so unbefriedigend macht. Wieviel Zehntausende von kleinen Kirchenführern im Lauf der Jahre gekauft worden sind, könnten nur die Verleger sagen; ihre Zahl wäre ähnlich – aber eben doch anders – aufschlußreich wie die Auflagenstärken der kleinen Wiesbildlein. Sollte im 18. Jahrhundert das Kloster vielleicht doch ein Geschäft mit der Wallfahrt gemacht haben – heute klingelt das Geld der Besucher jedenfalls in anderen Kästen.

Seit den fünfziger Jahren ist die Wieskirche Teil des Touristikgeschäfts; von Neuschwanstein unterscheidet sie sich vorteilhaft, weil kein Eintritt verlangt wird und weil man die Busladungen schneller durchtreiben kann; zehn Minuten rechnen die Fahrer im Durchschnitt vom Aussteigen bis zum Einsteigen. Der Hund wird mitgebracht, Eis gelutscht; von der Kleidung redet schon gar keiner mehr. Das Schild, das auffordert, während des Gottesdienstes nicht herumzugehen, wird wegen seiner barocken Form als Teil der alten Ausstattung angesehen. Für Hochzeiten ist die Kirche auch entdeckt worden; besonders solche, die in Illustrierten abgehandelt werden. Kein Gottesacker stört hier empfindsame Seelen aus moderner Todesferne auf. Als Konzertsaal ist sie natürlich besonders geeignet, nicht umsonst ist sie so oft mit musikalischen Metaphern beschrieben worden. Beethovens Lieder vor dem Gnadenbild sind in der Tat ein Leckerbissen für den gehobenen (auch preislich gehobenen) Anspruch. Minister und Exministerpräsidenten schlagen in der Wies die Orgel, und die Staatskanzlei schickt ihre feinsten Gäste mit dem Hubschrauber.

Die Wies ist Konsumgut der reisenden Wohlstandsgesellschaft geworden. Wird man sie verkonsumieren und den Rest wegwerfen wie vieles andere? Kann, muß man der Entwicklung Einhalt gebieten, um eine zweite, ebenso schlimme Säkularisation zu verhindern? Kann man am Ende des 20. Jahrhunderts noch die Wallfahrtskirche Wies verteidigen?

Es gibt die andere Seite der Wies, besonders wenn die Saison vorbei ist. Es gibt noch immer die Bittgänge, wenn auch nicht mehr ganz so viele – zu gefährlich sind die Straßen geworden. So sind die Buswallfahrten entstanden, bei denen Gemeinden gemeinsam die Kirche besuchen – weil es eine schöne Kirche ist, weil es eine Kirche ist. Kirchenchöre singen hier gerne, und viele, die in der Landvolkshochschule an einem Kurs teilnehmen, erfahren die Wies in der Früh und am Abend, wenn Stille einkehrt. Diese Schule ist, wie ihr Gründer Alfons Satzger einmal sagte, ein Versuch, eine andere Art von Gemeinde zu gründen, da die Gemeinde der Pfarrei fehlt. Es ist ein gelungener Versuch, und man wird noch viele weitere unternehmen müssen. Die Wies ist ein Sonderfall. Wird in ihr nur vieles besonders sichtbar?

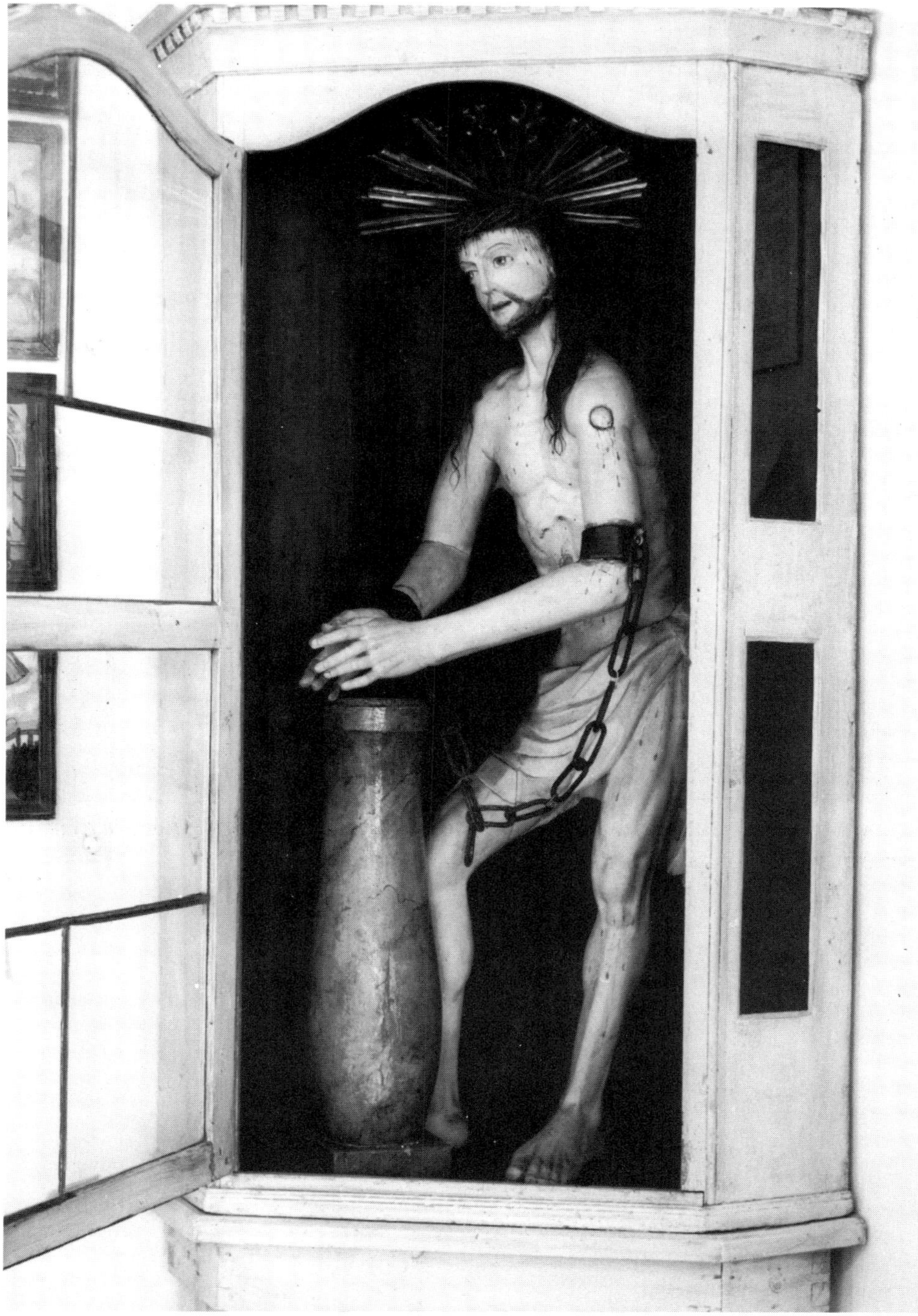

181 *Wieschristus aus einer in der Säkularisation abgebrochenen Kapelle an der Floßlände bei der Obermühle in Garmisch, 18. Jahrhundert, Größe der Figur 140 cm (Werdenfelser Museum, Garmisch-Partenkirchen, Kat. 1095)*

Gebett/

O Schmertz-voller JEsu! Du unerschöpfflicher Brunn der Barmhertzigkeit! sihe, ich armer sündiger Mensch wirffe mich zu deinen heiligisten Füssen, bekenne mit reumüthigen Hertzen, daß ich die eintzige Ursach diser deiner entsetzlichen Geißlung: Meine sündhaffte Gedancken, Wort und Werck seynd eine dreyfache Geißl, mit welcher ich offt und vilmahlen auf Dich, O Göttliche Unschuld! grausam geschlagen. Aber eben bey disen Blut-triefenden heiligisten Wunden, so ich durch meine Sünden eröffnet, suche ich Zuflucht in meinen Anligen: Reinige erstlich, O JEsu! durch dein allerheiligistes Blut meine sündige Seel, stärcke mich im Glauben, Hoffnung und Lieb, alsdann ruffe ich mit Lieb-vollen Hertzen zu Dir: O gegeißleter JEsu! ich erbarme mich über Dich: O gegeißleter JEsu! erbarme Dich über mich,

AMEN.

*Kleines Andachtsbild mit Gebetszettel, Kupferstich 18. Jahrhundert, 14,8 × 17,8 cm (Privatbesitz; Kat. 477)*

Und warum kommen so viele zur Wies? Mit dem Auto, mit den Bussen; zu Fuß. Die Wies muß man gesehen haben. Warum eigentlich? Und was sieht man denn? Der Fromme kommt, sich zu erbauen; der Spötter sucht Anlaß zum Spott und will bestätigt sehen, daß alles Schwindel ist (nur seine Spottsucht möge niemand verspotten; um die ist's ihm ernst!). Der Kunsthistoriker ist's zufrieden, wenn das Material geordnet und benannt ist; die Formgeschichte wird ihm allzuleicht zur Erklärung der Sache. Und der Historiker will wissen, wie es gewesen ist. Wie ist es denn gewesen, wie ist es?
Fremd für die meisten, wie in einem indischen Tempel. Sie starren auf die Bilder, sie lesen, was auf den Votivbildern steht. Zurück zum Bus.
Ja damals im 18. Jahrhundert, als die Leute noch naiv waren! Was sollte die Dienstmagd auch anders tun, als eine Wallfahrt geloben, hat ein aufgeklärter Zeitgenosse unseres Jahrhunderts irgendwo geschrieben. In der Tat, was sollte sie anders tun. Aber sie glaubte zu wissen, an welchem Ort Hilfe zu erlangen war. Wie hasten die Menschen heute von Ort zu Ort und erlangen doch keine Hilfe, wissen nicht, wo das Glück zu finden ist, wo ihr Herz Ruhe findet.
Warum, o Leser, kamst Du in die Wies?

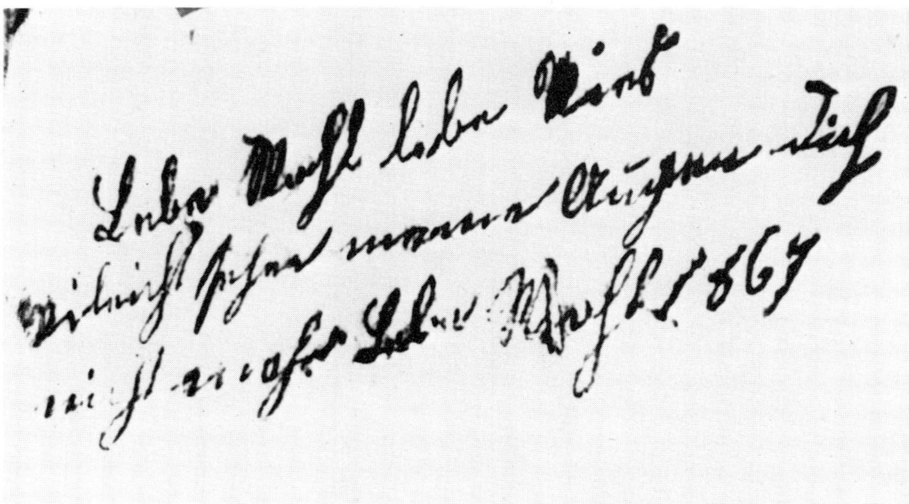

*Bleistiftinschrift auf einem Balken des Dachstuhls von Joh. Martin Gez aus Musau, Tirol, 1867*

*Fürstbischof Seinsheim (Scherenschnittbild, Diözesanmuseum Bamberg, Kat. 1708)*

# Nachwort

Unser Buch ist der Versuch, eine komplizierte und weitverzweigte Wallfahrtsgeschichte in verständlicher Sprache und zu einem erschwinglichen Preis zu veröffentlichen. Der wissenschaftliche »Apparat«, der unserer Darstellung zugrunde liegt, erscheint in den »Veröffentlichungen zur Volkskunde und Kulturgeschichte« (hrsg. von W. Brückner und L. Kriss-Rettenbeck), Würzburg 1981, und zwar als Bd. 9 »Der Wies-Heiland, seine Devotional-Kopien und verwandte Andachtsbilder des Christus an der Geißelsäule: Ein Katalog« und Bd. 10 »Materialien zur Wieswallfahrt«. In diesem Band finden sich auch die Anmerkungen zu unserer Darstellung und die genauen bibliographischen Nachweise sowie ein Index zu allen drei Bänden. Im Text des vorliegenden Bandes beschränken wir uns darauf, bei den Zitaten Verfasser und Titel zu nennen, was in den meisten Fällen für eine Identifikation unserer Quelle ausreichen dürfte. Die drei, sehr seltenen GNADENBÜCHLEIN der Wieswallfahrt (1746, 1748, 1749), werden ausführlich zitiert, und auch längere Passagen aus den 1979 wiederentdeckten Wies-Manuskripten verdienen eine Veröffentlichung.
Das Manuskript entstand 1979. Dem Pustet-Verlag danken wir für die Übernahme des Buches in sein Programm und die sorgfältige Betreuung.

*Hausfigur (Schöffau, Oberbayern, Kat. 1233)*

# ZEITTAFEL

| | |
|---|---|
| 1730 | Abt Hyazinth Gassner beschließt, die Karfreitagsprozession einzuführen. Eine Figur des Heilands an der Geißelsäule wird dafür durch P. Magnus Straub und Fr. Lukas Schwaiger hergestellt. |
| 1732–34 | Die Figur wird in der Prozession mitgetragen. |
| 1735 | Die Figur wird in der »Kleyder-Cammer« abgestellt. |
| 4. 5. 1738 | Die Wies-Bäuerin Maria Lori erhält die Figur geschenkt. |
| 14. 6. 1738 | Tränenwunder. |
| 1739/40 | Bau der ersten Wieskapelle. |
| ?1741 | Die erste Votivtafel wird aufgehängt. |
| 17. 3. 1744 | Erste Messe in der Wieskapelle. |
| 11. 6. 1745 | Antrag des Abtes Marian Mayer an den Kurfürsten auf Genehmigung des Kirchenbaus. |
| Frühsommer 1745 | Baubeginn der Wieskirche. |
| 14.–16. 9. 1745 | Untersuchung der Wallfahrt und ihrer Gnaden durch eine bischöfliche Kommission. |
| 10. 7. 1746 | Grundsteinlegung durch Propst Herculan Karg von Dießen. |
| 1. 9. 1746 | Vom 17. 3. 1744 bis 1. 9. 1746 wurden in der Wieskapelle 6090 Messen gelesen. |
| 21. 10. 1746 | Druckerlaubnis für das erste Gnadenbüchlein. |
| 9. 4.1749 | Fünf Chorherren aus Steingaden beziehen das neuerbaute Priesterhaus als ständige Wallfahrtspriester. |
| 24. 8. 1749 | Weihe des Chores der Wieskirche. |
| 31. 8. 1749 | Übertragung des Gnadenbildes aus der Wieskapelle in den neuerbauten Chor (Schutzengelfest). |
| 1749 | Vollkommener Ablaß durch Papst Benedikt XIV. |
| 1. 9. 1754 | Weihe der Wieskirche durch Weihbischof Adelmann. |
| 1754 | Dominikus Zimmermann verläßt Landsberg und läßt sich in der Wies nieder. |
| 12. 10. 1755 | Einsetzung der Bruderschaft zum Gegeißelten Heiland. |
| 1756 | Die Seitenaltäre werden errichtet (Gemälde von Bergmüller, Fassung und Vergoldung durch B. und Th. Ramis). |
| 1757 | Errichtung der Orgel. Votivbild des Dominikus Zimmermann. |
| 24.–26. 7. 1757 | Das vierzigstündige Gebet mit vollkommenem Ablaß wird zum erstenmal gehalten. |
| 3. 9. 1758 | Eine Reliquie der Geißelsäule und eine Kreuzpartikel werden feierlich aufgestellt. |

| | |
|---|---|
| 17. 8. 1764 | Die Bruderschaft zum Gegeißelten Heiland wird der Erzbruderschaft des gekreuzigten Heilands in St. Marcellus in Rom einverleibt. |
| 1765 | Die Stationsablässe werden gewährt. |
| 1803/1804 | Säkularisation. |
| 10. 9. 1805 | Der Forstgeometer Dismas Gebhardt bietet 900 Gulden für das Priestergebäude und die Kirche. |
| 1805 | Die umliegenden Gemeinden kaufen um 595 Gulden die große Glocke zurück. |
| 1811 | Letztmalige Anordnung an das Rentamt Schongau, die Wieskirche zu versteigern. |
| 1811–1830 | Zahlreiche Eingaben der Gemeinde Fronreiten zur Erhaltung der Kirche und zur Sicherung des Gottesdienstes durch einen ständigen Wallfahrtspriester. |
| 1833 | Vernichtung von einigen Tausend Votivtafeln. |
| 1843 | Der Staat übernimmt einen Teil der Kosten für den Wallfahrtspriester. |
| 1845 | Ablaß für ewige Zeiten durch Gregor XVI. bestätigt. |
| 30. 7.1846 | Der Staat erklärt sich zur Übernahme der Baulast bereit. |

## BILDNACHWEIS

Die Bildunterschriften geben den Herkunftsnachweis. Die Katalognummern beziehen sich auf den S. 185 genannten Katalog, in dem sich die genauen Bildbeschreibungen und Literaturangaben finden. Für freundliche Fotografiererlaubnis und vielfache Unterstützung sind wir den zuständigen Pfarrämtern, Museen und Privatbesitzern zu Dank verpflichtet, vor allem natürlich H. H. Kurat Kirchmeir, Wies, und seinem Mesner F. Glogger.
Für Reproduktionserlaubnis und Bildvorlagen danken wir besonders der Bayerischen Staatsbibliothek, München (S. 58, 63, 64), dem Germanischen Nationalmuseum Nürnberg (S. 25), der Universitätsbibliothek Augsburg (S. 148), Herrn Dr. S. Hofmann, Steingaden (S. 69), Prof. Dr. Pörnbacher (S. 10), Herrn und Frau Dr. Roth, Vierkirchen. Die Aufnahme S. 42 stammt von S. Krettner, München, S. 46 von H. Stöckli, Stans, S. 139 von G. P. Woeckel. Alle übrigen Aufnahmen stammen von Th. Finkenstaedt.

# Register

## Sachen


Ablaß 164, 169, 186f.
Ablaßzettel 144
Altar, Altarfigur 156, 158, 163
Altarblatt 143f.
Anberührung 5, 6, 131f., 133–138
Andachtsbild 15, 21, 28–32, 35, 38, 41, 45, 120, 126, 130, 152, 154, 164, 166
Andachtsbilder, kleine (s. auch Wiesbilder) 55, 86, 87, 94,114, 132, 143ff.,146, 156, 160, 162ff., 182
Andachtsbrief 72
Anhänger 138, 140
Anhängzettel s. Verkündzettel
Arma Christi 24, 38f.
Arme Seelen 43
Armschellen 44
Aufklärung 49, 68

Baedeker 178
Baugeschichte d. Wies 115–119, 186
Baum 156, 160, 162ff.
Beweinung Christi 21
Bildverehrung 55, 166
Bildstock 151, 155f.
Bittgang 60, 86, 90, 152, 180
Brauchtum 93, 144
Breverl 144, 146
Bruderschaft 24, 68, 144, 169–173, 186f.
Bruderschaftsbücher 90f., 149, 152, 154, 171ff.
Bruderschaftsfest 105, 170, 172
Bruderschaftsfigur 168
Bruderschaftsmitglieder 124, 149, 154, 170, 172f.
Bruderschaftssatzung 170
Bruderschaftsschild 106, 173
Bruderschaftszettel 144, 169, 170, 173

Christus
– im Elend 21f.
– im Kerker 41, 44
– kleidersuchender 35
– kniender 35f.
– als König 41
– in der Rast 21f.
– sitzender 33
– stürzender 33, 99
Churbayrischer Kalender 160

Devotionalien 107f., 121–146
Disziplin 24
Dornenkrone 18, 22, 38, 41
Dornenkrönung 21f.
Druckgrafik 144

Ecce homo 18, 21f., 30, 32, 44, 52
Eingrichts 112, 138
Einzelpilger 89ff.
Erbärmdebild 21
Erzbruderschaft 169f., 187
Ex voto 123, 126f., 130

Facta et Observata 68, 121
Fastenkrippe 23, 30, 35, 99
Fastenlieder 23
Fastentücher 23
Fernpilger 90, 150, 172
Fesselung 36f.
Filialwallfahrten 56, 122f., 126, 144, 158, 160, 164
Flugblattlied 146
Fresken 142, 144
Frömmigkeit, franziskanische 39
Fronleichnam 23

Gebete, Gebetszettel 38, 144, 182
Geheime Leiden 25, 29, 31, 38, 44
Geheimnis 45
Geißelsäule 29, 186
Geißelung 24, 27, 30, 32, 35, 160
Geißelung Christi 11, 18, 20f., 24ff., 28, 41
Geißelungsszene 22, 35, 41
Geißler 24
Gelübde s. Verlobung
Glocke 27, 187
Gnade 51, 56, 61, 68–71, 75–83, 95 121, 128, 156, 163f., 186
Gnadenaltar 115, 124
Gnadenbild 55f., 61, 93ff., 115f., 124, 126, 130, 132, 138, 144, 149, 164, 169
Gnadenbüchlein 45, 51, 54, 56, 61, 65–74, 75–78, 83, 85, 88–94, 115ff., 121ff., 130, 141, 144, 146, 149, 150, 154, 156, 158, 160, 162, 172, 186
Gnadenkapelle 70, 101f.
Gnadenmanuskript 70f., 78, 88
Goldenes Vaterunser 14f.
Graffiti 128
Gründonnerstag 16
Gruppenwallfahrt 89, 91, 149, 154, 172

Halskette 37, 44, 136
Hauptbuch 62, 88, 90, 134, 147
Haus von Loreto 16
Heilige 67
Heiliges Grab 16, 23
Heilige Stiege 16, 30
Heiligenverehrung 65, 94
Herrgottsruhbild 22
»Hilfen« s. Gnade
Hinterglasbild 111, 130

Jahreskrippe 22

Karfreitagsprozession 11, 23ff., 41, 45, 186
Kerker 31, 41, 44f.
Kerkerchristus 22, 32
Kerkerheiland 12, 31, 36ff., 44, 130

Kerzen 122, 147, 163
Kette 37
Kleid 18, 31f.
Klosterarbeit 109, 138
Konzil von Trient 55
Kopie 56, 90, 136
Kopien des Gnadenbilds 90, 95, 130, 138, 149f., 156, 160, 170
Kreuzweg 16, 21f.
Krippe 18, 22
Krönungsmantel 22
Krücken 94, 123f.

Labara 24
Läutordnung 92
Lendentuch 31f., 44
Lüftlmalerei 142

Messe 62, 88, 90, 122, 160, 162ff., 186
miraculum 49ff., 67, 164
Mirakelbücher 67f., 75, 93, 149
Model 138

Obere Wiese 60, 160
Öl, geweihtes 94
Opfer 95, 121ff., 163, 176
Orgel 65

Passion 12, 15–19, 21, 32, 41, 44f.
Passionsdarstellung i. d. Kunst 12, 19–22, 150
Passionsspiel 18f., 22f., 26, 30, 178
Pilgerzeichen 138
Präfiguration 23
Prämonstratenser 160
prodigium 50
Promulgation 67, 126
Prozession 11, 19, 22f., 62, 64, 90f., 116, 144, 147, 152, 170, 186
Prozessionsfigur 41, 44, 56

Reliquienkult 94
Rosenkranz 94, 122
Rosenkranzgebet 15

Säkularisation 49, 117, 122, 166, 169, 173–176, 180, 187
Sammelvotivbilder 110, 124, 156
Santa Prassede 29
Säule 29, 35, 174, 187
Schmerzensmann 15, 21f., 41
Schrein 103, 138, 156
Schulterwunde 22, 32, 38, 41
Schulterwundenchristus 32, 40, 44, 130
Sekundärwallfahrten 65
Siegel an der Figur 132f.
signum 50
Silbervotive 121, 123, 138
Skapulier 94

Teufelsaustreibung 71
Tragfiguren 24, 41, 116, 144, 168, 170, 172f.
Tränen 49, 52, 61
Tränentüchlein 123
Tränenwunder 52f., 56, 186
Tridentinum 166

Übertragung 62, 102, 116, 144, 162, 186

Vaterunser, Goldenes 14f.
Verkündzettel 68–71, 80–82, 89, 123, 126, 127, 128
Verlobung 70, 89, 91–94, 121f., 126
Verspottung Christi 21
virtus 50
Volksfrömmigkeit 16, 19, 28, 45, 95, 150, 179
Volkskunst 150
Votant 89, 123f., 126f., 156
Votiv 89, 94, 121ff., 162
Votivbilder 45, 60, 62, 67, 69, 71, 75, 83, 94, 110f., 121–127, 149, 152, 156, 160f., 162, 178, 181, 183, 186f.
Vulgata 50

Wachs 107, 112, 122f., 138, 163
Wachsopfer 94
Wahrer Ursprung 68, 95
Walburgisöl 94
Wallfahrer 67, 69f., 71f., 85–96, 115, 119, 121ff., 130, 132, 138, 154, 156, 158, 160, 162, 164, 169, 172f., 176
Wallfahrt 55f., 60ff., 65, 70, 85f., 88f., 93, 95f., 118, 123, 130, 149, 154, 156, 158, 160, 162, 164, 170, 172, 176f., 179, 183, 186
Wallfahrtsmedaillen 44, 94, 130, 138, 140
Wallfahrtsvertretung 89
Weißes Kleid 18
Wetterläuten 60
Wies, Name 60, 160
Wiesbilder, kleine 86, 93f., 179
Wiesheiland 22
Wiesherrle 53, 57, 104, 130, 152, 154, 156
Wieskapellen 158
Wieskult 44
Wieslied 84, 173
Wiesmanuskripte 121, 152, 170
Wunder 49–52, 62, 67f., 70
Wunderglaube 49, 52
Wundmale 21, 38

Zahnwehchristus 21
Zinnfiguren 107, 138
Zug-Glöcklein 92

## Orte und Länder

(Zur Unterscheidung werden, soweit erforderlich, die Kraftfahrzeug-Kennzeichen vor der Landkreisreform verwendet)


Abenberg 133
Altenburg 107
Altfrauenhofen 71
Althausen 154
Altötting 60, 67, 95f., 121
Amberg/FÜS 158
Amsterdam 150
Andechs 60, 138
Astätt 152
Astorga 86
Au/DGF 158, 162
Aufhausen 48
Augsburg 24f., 31, 39, 44, 60, 65, 70, 85, 92f., 147, 154, 163, 170, 176

Bad Kohlgrub 90, 178, 179
Bad Tölz 35, 70
Bamberg 41, 95, 150
Bärnau 154
Bayersoien 90
Beilngries 146
Bihlafingen 56, 164
Birkenstein 96
Bodenmais 92
Bogenberg 60
Böhmen 88, 91, 130, 154, 172
Botzersreuth 153
Bozen 144, 154
Bregenz 124
Buchen 155
Burghausen 24, 48, 144
Burgos 44

Cadiz 152
Cham 89

Deggendorf 60
Deutsch-Jahrndorf 154
Diessen 64, 115, 118, 138
Dingolfing 162ff.
Donaumünster 158
Dorfen/ERD 60, 138

Eichstätt 136, 150
Emmersdorf 56, 164f.
Epfach 90
Eschenlohe 91
Ettal 60, 89, 95, 138

Feigenhofen 158
Feistritz 28
Franken 32, 154, 156, 160, 172f.
Frankreich 89
Freiburg/Breisgau 86
Freising 20, 26, 30, 162
Friedberg 22
Fronreiten 163, 176f., 187
Fulda 154
Fürstenfeld 159, 164
Füssen 91, 154

Gangkofen 85
Garmisch 184
Gelchsheim 1, 150, 158, 164
Geresheim 124
Giesing 132
Götzens 30, 35, 99
Gotenburg 150
Grainet 166
Graun 144

Habach 131
Haimhausen 158
Hamberg 154, 158, 160
Haselbach 132
Hermetschwil 46
Hohenpeissenberg 90, 178
Hohenpolding 43
Hohenschwangau 86
Holzen 132
Hutturm 166

Ilgen 40, 44, 138
Ingolstadt 76, 129
Ischl 95f., 104
Italien 41, 85, 89, 150

Kärnten 154
Kaufbeuren 65, 154
Kempten 138
Kinsau 90
Kirchdorf/AIB 136
Klausen 24
Klobenstein 151
Kopenhagen 150
Krakau 154, 172
Krems 154
Krummau 91, 154
Kufstein 70

Landau 162
Landsberg 124
Landshut 41
Lauingen 72, 86, 91
Lechbruck 92, 178
Lechtal 154
Linz 152, 154, 164, 166
Litzau 86, 179
Luzern 172

Mähren 86, 154, 172
Malching 164, 181
Maria Dorfen 60, 138
Maria Eck 96
Mariazell 138
Markt Rettenbach 74
Masting 72
Merching 76
Mering 70
Mettenbach 164
Mittenwald 142
Moosbach/VOH 122, 158, 164
Mühlbach 141, 144
München 24, 58, 63f., 128, 132, 136, 160, 170, 173, 176f.
Murnau 162
Musau/Tirol 96, 128, 183

Neapel 172
Neumarkt/Opf. 93
Neurode 132
Niederbayern 85, 166
Niedermurach 147, 164
Niederösterreich 132, 154
Niederrieden 36
Nîmes 132, 152, 172
Nürnberg 25

Oberammergau 19, 26, 85, 136, 144, 178
Oberbayern 85, 96, 150
Oberhausen/A 70
Obermarchtal 49
Oberösterreich 91, 154, 166
Oberpfalz 154, 158
Oberschönenfeld 33
Ochsenbrunn 76
Offendingen 124
Oslo 150
Osterburken 172
Österreich 32, 38, 42

Paris 30, 172
Passau 154, 166
Peiting 70
Petersburg 150
Pfaffenwinkel 170, 175, 179
Pielenhofen 52
Plankstetten 154
Polling 50, 117
Porz 154
Pustertal 70

Regensburg 136f., 138, 154, 163
Reisach a. Inn 138
Reutte 154
Ried/FÜS 62
Riesen 128, 130
Roggenburg 138, 157f.
Röhrnbach 166
Rom 29f., 44, 90, 152
Rosenheim 150
Rottenbuch 85, 90
Rötz 176
Rüthi 120

Sameister 34
St. Radegund 132, 134ff.
S. Salvator 86
Schäftlarn 117
Schärding 91, 167
Scheyern 60
Schildschwaig 122, 126
Schluderns 130
Schnann 42
Schöffau 185
Schongau 91, 96, 154, 176, 178, 187
Schrobenhausen 93
Schussenried 117
Schwaben 85, 91
Schwäbisch Gmünd 89, 91, 99, 172
Schwarzwald 172
Schweiz 124, 172
Seehausen 33
Siessen 173
Solothurn 124
Spanien 41, 44
Staffelstein 41
Steiermark 154
Steinbach b. Stötten 91
Steingaden 25, 44, 49f., 52, 56, 58f., 61f., 68, 70, 71, 85, 88, 90, 96, 115–118, 121f., 136, 154, 160, 162, 169f., 175ff., 179, 186
Steinhausen 117
Steinweg 136f., 154
Sterzing 30
Steyr 146
Stöcklvater 141, 144
Süddeutschland 38
Südtirol 154

Tarragona 172
Tarrenz 143f.
Thierhaupten 175
Thiersee 70
Thürnthenning 144
Tirol 42, 89, 91, 147, 154
Trauchgau 90, 95f., 176
Treffling 144
Trient 55
Tschechoslowakei 154
Tuntenhausen 96, 138, 162

Ungarn 88
Unteralting 79
Unterammergau 142, 144
Untergammenried 130

Verona 96
Vilgertshofen 19
Vilgis 86
Villach 79, 154
Vorarlberg 154

Waldkirchen 91, 138, 164, 166, 172
Wall 130
Wegscheid 172
Weilheim 154
Werneck 95, 138
Wessobrunn 95, 175
Wien 81
Wiener Neustadt 86
Wies b. Eger 154, 173
Wies b. Freising 158, 160, 162
Wies, Steiermark 158
Wiesenhofen 158
Wilhering 103
Wildsteig 85, 90, 144, 179
Wildwiesen 56f., 158
Wollaberg 164ff.
Wülfershausen 155
Württemberg 154

**Personen**

Achior 19
Adelmann, Weihbischof 186
Amort, Eusebius 50ff., 62ff., 65, 67f.
Annas 16
Augustinus 8
Aventin 60

Bauer-Rupprecht 118f.
Beda 37
Benedikt XIV. 51, 164, 170, 186
Berchem, Frh. v. 162
Berliner, R. 21
Bergmüller 186
Bernhard Hl. 39
Bezold, Gustav v. 178
Bomhard, P. v. 150
Bonaventura 15, 21
Bossi 95, 138
Brückner, W. 61, 185
Bucher, A. v. 23f., 32
Buchner, Fr. X. 150

Caedmon 50
Clemens Wenzeslaus 60
Cochem, Martin v. 17, 30, 35, 37

Dehio, G. 178
Dithfurth, F. W. v. 84
Dörfler, P. 97, 179
Dominikus 126
Dürer, A. 35

Esther 19

Fischer, J. M. 178
Franz Xaver 65

Gassner, Hyacinthus 11, 25, 61f., 115, 186
Gassner, Pfarrer 176
Gertrud v. Helffta 39
Gregor XVI. 187
Greiffenclau, M. A. v. 172
Gretser, J. 23f.
Günther, B. 52
Günther, I. 138f.

Hartig, M. 179
Haydn, J. 23
Helffta, G. v. 39
Herodes 18
Hieronymus 29
Hiob 19
Hofmiller, J. 178
Holbein d. J. 35
Holofernes 19
Höß, Kreszentia 39, 41, 51, 65

Ingerle, J. N. 177
Innitzer, Th. 27

Jeremiah 19, 24
Johann Nepomuk 65
Johannes de Caulibus 30
Joseph II. 173
Judith 19

Kaiphas 16f., 29f., 32, 37f., 44
Karg, Herculan 64, 115, 186
Kren Hofrat 172
Kreszentia v. Kaufbeuren 39, 41, 51, 65
Kretzenbacher, L. 39
Kriss-Rettenbeck, L. 126f., 185

Lamb, Carl 115
Lindmayr, Maria 52
Loraghi, J. 138, 166
Lori, Maria 13, 45, 49, 52, 56, 61, 86, 126, 186
Lori, Familie 53, 101, 176
Ludolf v. Sachsen 17,19
Ludwig IX. 38

Maria 19
Martin v. Cochem 17, 30, 35f., 37, 39
Maximilian II. 177
Mayer, Marianus 8, 61f., 68, 71, 115f., 129, 134, 170, 186
Metz, J. B. 49
Müller, K. A. v. 179

Obernburg, Ignaz v. 177
Oberndorf v. 175
Oefele, Familie v. 172

Paschur 19, 24
Paul, Jean 55
Pezzl, J. 59, 86
Pilatus 16–19, 21, 27, 30ff., 37
Pilger v. Bordeaux 29

Ramis, B. u. Th. 58, 186
Rosner, Ferdinand 26
Roth, A. 54, 87, 145
Rupprecht, B. 118

Satzger, A. 119, 179f.
Schmid, J. 50f.
Schrank, F. v. P. 59f.
Schwaiger, Lucas 11, 44, 68, 186
Schwanthaler, P. 167
Seinsheim, Grafen v. 95, 121, 150
Steiregg, Th. X. 172
Steub, L. 95f.
Straub, J. B. 138
Straub, P. Magnus 45, 68, 70f., 93, 116, 170, 186
Sturm, A. 138, 157
Stutzer, D. 115, 117

Thomas v. Aquin 51
Töpsl, F. 64
Törring, Graf 95

Unertl, P. B. v. 89, 94

Vierthaler, M. 179

Walter, Fr. A. 49

Zimmermann, D. 59f., 100, 117f., 124f., 171ff., 176, 178f., 186
Zimmermann, J. B. 118